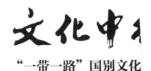

文化中行

"一带一路"国别文化

老挝

LAOS

中国银行股份有限公司
社会科学文献出版社 编

社会科学文献出版社
SOCIAL SCIENCES ACADEMIC PRESS (CHINA)

老挝
LAOS

中国驻老挝大使馆

（Embassy of the People's Republic of China in the Lao People's Democratic Republic）

地址：Wat Nak Road, Sisattanak, Vientiane, LAO P.D.R.

电话：00856-21-315100

网址：http://la.china-embassy.org

注：其他领事馆信息详见附录二

老挝
LAOS ....

序

　　2013 年，国家主席习近平在出访中亚和东南亚国家期间，先后提出共建"丝绸之路经济带"和"21 世纪海上丝绸之路"的重大倡议，向全世界宣告了亿万中国人民谋求和平发展，与沿线国家和地区共同合作、共建繁荣的美好愿景。"一带一路"战略布局无疑成为当今世界最大的系统性工程，得到国际社会的广泛响应。

　　道之大者，为国为民。作为中华民族金融业的旗帜，中国银行早已将"为社会谋福利，为国家求富强"的信念植入血脉。在一百多年的发展进程中，不断顺应历史潮流，持续经营、稳健发展，为民族解放、社会进步、国家繁荣做出重要贡献。站在新的历史机遇期，以"担当社会责任"为己任，以"做最好的银行"为目标的中国银行，依托百年发展铸就的品牌价值和全球服务网络，利用海外资金优势，实现全球资源配置，护航"一带一路"战略，不仅具有得天独厚的优势，更是义不容辞的责任。

金融业是经贸往来的"发动机"和"导流渠"，是支持"一带一路"建设的中坚力量。中国银行作为国际化、多元化、专业化程度最高的国有股份制商业银行，截至 2015 年底，已在"一带一路"沿线 18 个国家设立分支机构，未来，将持续完善全球布局，增加对"一带一路"沿线国家的机构覆盖。可以肯定地讲，中国银行完全有能力承担起国家赋予的责任与使命，为构建"一带一路"金融大动脉做出重要而独特的贡献。

"一带一路"建设投资规模大、周期长，涉及众多国家和地区，金融需求跨地区、跨文化差异明显，这对银行业提出了新的挑战。如何跟上国家对外投资的步伐，如何为"走出去"企业铺路搭桥，如何入乡随俗、实现文化融合，成为我行海外发展面临的一系列重要问题。《文化中行——"一带一路"国别文化手册》（以下简称《手册》）正是在这个大背景下应运而生。《手册》从文化角度出发，全面介绍了我行已设和筹设分支机构的"一带一路"沿线国家的政治经济环境、金融发展业态、民俗宗教文化等，为海外机构研究发展策略、规避经营风险、解决文化冲突、融入当地社会提供实用性、前瞻性的指导和依据。对我行实现跨文化管理，服务"走出去"企业，指导海外业务发展，发挥文化影响力，实现集团战略都具有重要的价值。

最好的银行离不开最好的文化。有胸怀、有格局的中行人，以行大道、成大业的气魄，一手拿服务，一手拿文化，奔走在崭新又古老的"丝路"上。我们期待《手册》在承载我行价值理念，共建区域繁荣的道路上占有重要一席，这也正是我们实现文化"走出去"战略的题中应有之义。

田国立

2015 年 12 月

目录

老挝
LAOS

第一篇

国情纵览

老挝
LAOS ....

一　人文地理

1　地理概况

老挝，全称老挝人民民主共和国（The Lao People's Democratic Republic）。老挝是位于中南半岛北部的内陆国家，面积 23.68 万平方公里。北邻中国，南接柬埔寨，东临越南，西北为缅甸，西南毗连泰国。老挝境内 80% 为山地和高原且多被森林覆盖。地势北高南低。

老挝是位于中南半岛北部的
内陆国家

扩展阅读：老挝常见灾害

洪涝灾害

洪灾是老挝最为常见、危害最大的自然灾害。

2013年9月热带低气压引发的大暴雨导致占巴塞、沙拉湾、色贡、阿速坡四省发生严重洪涝灾害。占巴塞省10个县受灾，3人遇难，10120公顷农田被毁，数千家畜死亡，该省境内湄公河干流和支流水位上涨，其中湄公河干流水位上涨至11.95米，超过警戒水位0.95米。沙拉湾省有8个县受灾，其中空色东县9596户家庭受灾，12502公顷农田被毁。阿速坡省受灾最严重的县有29个村庄被淹，118公顷农田被毁。根据地方政府统计，截至2013年10月，老挝南部洪涝灾害在沙拉湾省造成3330亿基普损失，在占巴塞省造成1140亿基普损失，在色贡省造成350亿基普损失。

2014年8月，台风"山竹"席卷老挝，北部乌多姆赛省的披虎南、普沙阿、那巴等村庄遭受洪水和泥石流灾害，造成17人死亡，房屋和庄稼被冲毁和淹没，多处道路和桥梁被毁，受灾人口约为9600人，初步估计直接经济损失超过2970亿基普。

登革热

由于卫生设施状况不佳，医疗条件欠缺，登革热一直是老挝严重的灾害之一。2014 年登革热大面积暴发，当年 1 月 1 日至 9 月 15 日，老挝全国登革热感染病例达 4.8 万人，其中 92 人死亡。仅首都万象市就有 1.6 万人感染，其中 25 人死亡。

2 历史沿革

公元 1353 年建立的澜沧王国是老挝历史上第一个统治整个老挝地区的中央集权制国家。依靠强大的军队并辅以小乘佛教的精神统治，澜沧王国在中南半岛曾盛极一时。1698 年，澜沧王国开始分裂并最终走向衰亡。

1893 年 10 月 3 日，法国和暹罗在曼谷签订了《法暹条约》，规定暹罗割让湄公河东岸的老挝领土给法国。从此，老挝由暹罗的属国变为法国的"保护国"，被并入"印度支那联邦"，老挝近代史由此展开。1893 ～ 1954 年，老挝一直处于法国的殖民统治之下。在法国对老挝的殖民统治过程中，法国制定了直接与间接相结合的殖民统治政策，即由法国直接实施统治和将琅勃拉邦王国作为"保护国"的殖民政策。

1940 年 9 月，日法签订了《关于日军进驻印度支那的协定》。1945 年 3 月，日军从越南攻入老挝，琅勃拉邦王国以独立王国的名义加入"大东亚共荣圈"，老挝附属于法国的法律关系不复存在。1945 年 8 月 15 日，日本宣布无条件投降，其在印度支那的统治宣告结束。

　　1945 年 10 月 12 日，老挝宣布独立。1946 年，法国再次入侵老挝。1954 年 7 月，有关各方签署恢复印度支那和平的《日内瓦协议》，法国从老挝撤军，但不久美国取而代之。1962年，各国签订《关于老挝问题的日内瓦协议》，老挝成立以富马亲王为首相、苏发努冯亲王为副首相的联合政府。1964 年，美国支持亲美势力破坏联合政府，进攻解放区。1973 年 2 月，老挝各方签署了《关于在老挝恢复和平和实现民族和睦的协定》。1974 年 4 月，成立了以富马为首相的新联合政府和以苏发努冯亲王为主席的政治联合委员会。1975 年 12 月宣布废除君主制，成立老挝人民民主共和国。

　　老挝凯旋门位于万象市中心，高 45 米，宽 24 米，是一座大型的纪念碑。1975 年，万象市群众庆祝胜利的游行从这里通过，为纪念这一历史性事件而将其称为凯旋门。

3　人口综述

　　老挝全国人口约 647 万人，其中首都万象市人口 76.8 万人。老族是老挝的主体民族，人口 280 余万人，约占老挝总人口的 43.3%，主要居住在社会经济较为发达的平坝、江河沿线和城镇地区，以万象平原、沙湾拿吉平原、巴色平原和湄公河沿岸居多，约占这些地区总人口的 80%。在首都万象市、古都琅勃拉邦市、中部重镇沙湾拿吉市和南部交通枢纽城市巴色市，

老挝万象凯旋门

老族约占 90％。另外，老挝有华侨华人约 3 万多人。

老挝各省市人口分布（2012 年）

省市名称	人口数量（人）	省市名称	人口数量（人）
万象市	797130	华潘省	333762
琅勃拉邦省	463485	乌多姆赛省	314269
川圹省	282769	南塔省	171967
丰沙里省	179822	万象省	506881
波乔省	173962	沙耶武里省	389139
波里坎赛省	281207	甘蒙省	390701
沙湾拿吉省	937907	沙拉湾省	384438
色贡省	103326	占巴塞省	670122
阿速坡省	133545		

4　语言文字

　　在老挝，官方使用的语言是老语，属汉藏语系壮侗语族泰老语支，英语正逐步普及，部分人会法语。资格较老的政府官员多会说俄语或越南语。近年来随着中老两国经贸合作不断加强，老挝国内出现了学习汉语的热潮。

特别提示

★ 老挝当地排名第一的大学为老挝国立大学，也是老挝唯一一所综合性大学。在老挝的中资企业愿意雇用中国留学生，薪资水平高于当地其他企业。

★ 老挝首都万象市属于东 7 时区，比北京时间晚 1 个小时。

二　气候状况

　　老挝属热带、亚热带季风气候，5 ~ 10 月为雨季，11 月至次年 4 月为旱季。老挝全境的平均气温为 20℃ ~ 26℃，1 月气温较低，月平均气温为 10℃ ~ 20℃；5 月气温最高，月平均气温 20℃ ~ 29℃。最低气温一般在 0℃以上，最高气温一般不超过 40℃，仅琅勃拉邦和北汕地区有时达到 45℃。老挝全境雨量充沛，近 40 年来最小年降水量为 1250 毫米，最大年降水量达 3750 毫米，一般年份降水量约为 2000 毫米。由于纬度和地形等方面的差异，雨量分布也不平衡，一般是南多北少，高原和山地多、平原和谷地少。例如，南部波罗芬高原的北松年降雨量为 3987 毫米，他曲为 2347 毫米，北部南塔西部年降雨量为 1500 毫米，琅勃拉邦谷地为 1305 毫米。

特别提示

- ★ 老挝人对中国人比较友善，没有任何歧视。
- ★ 老挝民风淳朴，社会治安总体良好，但也有治安案件发生，不能放松警惕。
- ★ 霾是老挝旱季晴天的一种特殊天气现象，由于人们大量焚烧山林，进行刀耕火种，故霾日较多，年均

达 50～100 天，多出现在旱季的 12 月至次年 3 月，
月霾日达 13～15 天。

★ 根据老挝法律规定，符合条件的个人经批准可持有
枪支。

三　文化国情

1　民族

老挝有 49 个民族，分属老泰语族系、孟 – 高棉语族系、苗 – 瑶语族系、汉 – 藏语族系。

老挝的少数民族占总人口的 49.7%，人数最多的有 50 余万人，最少的不到 1000 人。普泰族居首，人口 50 余万人；伕木族次之，人口约 45 万人；蒙族（苗）居第三，人口约 25 万人；叻族居第四，人口约 12 万人。

2　宗教

老挝是一个多宗教的国家，主要有小乘佛教、原始宗教、天主教、基督教和婆罗门教。其中，小乘佛教是老挝的国教。老挝历届政府都很重视宗教，并将其作为宣传、教育和团结国民的重要工具。

香通寺是琅勃拉邦最宏伟的一座寺院，于 1560 年建造。

琅勃拉邦的香通寺

扩展阅读：老挝的主要宗教

小乘佛教

老挝是一个佛教王国，老族、普泰族、泰丹族、泰登族、泰考族、泰诺族、叻族、潘族、水族、赛族、蔑族、嘎达族和泰兰族等大多信奉小乘佛教，信奉者占这些民族总人数的80%以上。据老挝政府统计，老挝有佛寺近2000座，僧侣2万多名。在老族人居住的地区，几乎每个村寨都有佛寺，一些大的村寨甚至有2～3座，每座佛寺中至少有僧侣3～5名，多则几十名，大的佛寺僧侣可超过百名。

原始宗教

老挝的老佤、老努、老听、老法等山地民族（即老挝现政府划分的老听族系民族），以及其他民族的少数居民信奉原始宗教。所谓原始宗教，就是信仰鬼神，图腾崇拜。鬼神分为家神"秕亨"、山神"秕巴"和村神"秕班"。

基督教

老挝信奉基督教者分为天主教徒和新教教徒两种，前者多是泰族，后者以蒙族居多。法国和美国统治老挝期间，都千方百计利用宗教为其统治服务，积极传播天主教和新教，但收效甚微，很多人对天主教和新教加以抵制。据老挝宗教部门 1975 年 8 月统计，从 1893 年老挝沦为法国殖民地到 1975 年美国人撤出老挝，天主教在老挝共建有 53 座教堂，有修士 11 名、修女 127 名、神父 31 名和教徒 53075 名。

婆罗门教

公元 13 世纪以前，老挝地区大部分在吉蔑人的势力范围之内，使用起源于印度梵文的文字，所以，在相当长的时期内，老挝同柬埔寨一样，深受婆罗门教的影响。在公元 8 世纪或 9 世纪，婆罗门教已传入老挝，直到 14 世纪初，婆罗门教才衰落下去，被小乘佛教取代。虽然现在老挝人已不信奉婆罗门教，但在社会生活及文学艺术等各个方面，人们仍可以看到婆罗门教留下的不可磨灭的烙印。例如，迎接朋友时双手合十并微微鞠躬；在举行新年、婚礼祝福仪式时，典礼也是婆罗门教式的，甚至典礼中的首领也被称为婆罗门。老挝的各种传统节日和宗教仪式，很多是源于婆罗门教，过去老挝宫廷每年举行的典礼甚至历届政府的宣誓仪式，都沿袭了婆罗门教的仪式。

3　风俗与禁忌

　　老挝各个民族都有其悠久的历史和文化，在长期的社会发展中逐步形成了自己独特的风俗习惯。民族众多、民俗各异，构成了多姿多彩的人文景观，这是老挝的一大特色。

（1）民族服饰

　　老挝各民族服装差异较大。老族和其他老龙族系民族，男子大多上身穿无领大襟或对襟的短褂，由白布、灰布、黑布或其他颜色的布做成，长在腰下臀上，袖口较窄。下身大多穿黑色、褐色或其他颜色的长管裤，裤裆较肥大。也有的穿黑色、褐色或其他颜色的筒裙。妇女大多上身穿白色、粉红色、黄色或其他色彩鲜艳的紧身内衣，外套白色或粉红色无领大襟或对襟短衫，袖口和腰部较窄，一般没有扣子，用布带扎结。下身穿粉红色、褐色或用各种花布制作的长筒裙。脚上大多穿拖鞋，有不少人赤脚。较富裕家庭的妇女腰系银腰带。

　　蒙莱（花苗）、蒙考（白）、瑶族和其他老松族系民族大多穿黑色、青蓝色和其他深色衣裤。其中，蒙莱和蒙考等民族男子大多上身穿圆领开襟窄袖黑衣或青衣，袖口常常用三道黑布镶衬，下身穿同样颜色的长管裤，裤裆肥大。妇女上身穿绣花或镶银的黑色或白色上衣，常常绣花、挑花、编织和镶衬等多种形式并用；下着皱褶花裙，大多以五彩丝线镶绣。部分妇女还佩戴银手镯、银耳环，胸前佩戴大银项圈或银锁。瑶族男子多数穿黑色或青蓝色对襟长袖衣，下着大裆管裤；妇女一般上穿青蓝色或黑色长衣，衣长过膝，以红色和白色布料镶边，下着黑色管裤。布料不少是自织自染的。

老佤、老努和其他老听族系民族以黑色衣裤为主。男女色调差异不大。男性一般穿红边黑衣，袖短而宽大。下着黑色大摆裆布裤。妇女一般着对襟黑色衣服，用银纽扣，下着管裤。

（2）饮食文化

老挝各个民族的饮食也有较大差异，老族和其他老龙族系民族主食以糯米为主，少量食粳米。肉食有猪肉、牛肉、鸡肉、鸭肉及鱼、虾、螃蟹、青蛙、螺蛳、黄鳝等。制作较有特色，肉类和鱼类多用烘烤，还有的用辣椒、葱、姜、食盐和香菜等作料与肉一起剁碎，用开水调匀做成酸肉"剁生"或者将其炒干做成"剁干"。蔬菜以小白菜、小苦菜和莲花白居多，野香菜、竹笋、青苔也受到这些民族的喜爱。饮料有米酒、咖啡、椰子汁、茶水、啤酒等。就餐时一般都不用筷子和其他餐具，习惯用左手将饭攥成小团送入口中，右手夹菜。

老佤和其他老听族系民族主食有大米、玉米、荞子和小米等。肉食除家养的猪、羊、牛、鸡外，还有蛇、鱼等。制作方法包括烧、烤、煮、炒等。蔬菜以小白菜、小苔菜、酸竹笋、灰竹笋和其他野菜居多。酸竹笋是用鲜竹笋埋在铺好树叶的地坑里，5～10日后取出晒干即成。灰竹笋是将鲜竹笋切片放入陶罐内，加入澄清的草木灰水，浸泡2～3日取出即可食用。他们还喜欢制作酸粑菜，方法是将苦菜、瓜尖和豆苞等与酸竹笋丝一起煮，加上辣椒和盐。饮料主要是白酒和生水，少数人家有山茶水和坛酒。坛酒的制作方法是将稻谷放入坛子内加入药酒和生水，5天后用空心小竹插入坛内吸食。

蒙族和其他老松族等民族主食大米、玉米和荞子。肉食以牛肉、猪肉和鸡肉为主，其他猎物次之。蔬菜以瓜果、苦菜和野菜为主，较为单一。

（3）居住和礼仪

老挝人民居住条件相差很大，各民族居住方式也有较大差别。城市中钢混、砖混和竹木结构住房均有，乡村以竹木和竹草结构的高脚楼居多。在乡村，老族及其他老龙族系各民族的住房大多是竹木结构的高脚楼，老佤及其他老听族系各民族和蒙族及其他老松族系各民族的居所大多为竹草结构小高脚楼或单层小屋。

老挝各民族礼仪较为繁杂，人们早晚相见一般都要招呼"沙摆里"（您好），并双手合十做合十礼。相别时一般都招呼"沙摆或拉摆"（再见）并双手合十。进入寺院必须脱鞋，参观佛寺一般要捐赠钱物（多少不限）。寺院和寺塔内不能大声喧哗或打闹，进入居民房舍一般要脱鞋。

（4）婚姻

老挝各民族的婚姻既有相同之处也有较大差异。老族及其他老龙族系各民族多实行一夫一妻制，且表亲不能婚配。男子婚前必须先经过剃度为僧或已有职业。老佤和其他老听族系各民族的婚姻观念与老族不同。老佤族和佧族认为娶妻是增加劳动力的好办法，因此不像老族那样实行一夫一妻制，而是一夫多妻，有些佧族人为了种更多的田，便娶上几个妻子干活。佧族娶妻虽然容易，但离婚现象并不多见。蒙（苗）族和其他老松族系民族的婚姻观念又有别于上述两大族系。

（5）葬礼

老挝各民族的丧葬方式差异较大。老族主要实行火葬。由于老族人大多是佛教徒，认为人死是脱离苦海，所以对有人去世并不感到十分悲哀，往往将葬礼举行得比婚礼还要隆重。老佤族人死后大多实行土葬。人死后装尸入棺，葬在事先选好的地方，死者的遗物随葬在坟墓里面。蒙族包括蒙莱、蒙高、蒙考和蒙丹等族大多实行土葬，不用棺，也不垒坟，多用布或草席裹尸坑埋。但因支系不同，习俗也不完全一样。老挝瑶族也实行土葬，用木棺。

4　重要节日

老挝的节日主要有两大类：政治节日和民间节日。老挝的民间节日大多和宗教信仰有极为密切的关系。

扩展阅读：老挝的节日

塔銮节

佛历十二月，公历 11 月。塔銮是老挝佛教徒和民众顶礼膜拜的中心，塔銮节也被视为全民族的盛大节日。塔銮节时间为半个月左右。节日期间，全国各地的僧侣和佛教徒络绎不绝地前往塔銮朝拜，民众也纷纷携带各种食物、香烛、鲜花等向僧侣布施。另外，还有文艺、体育等表演活动，整个塔銮广场熙熙攘攘，热闹非凡。塔銮节期间还有一项重要活动，即延续3～7日的国际博览会。

老挝万象的塔銮节

泼水节

佛历五月，公历 4 月 13 ～ 15 日。泼水节又称"宋干节"或"五月节"，是佛历新年，相当于中国农历的春节，是老挝民间最隆重的节日。泼水节全国放假 3 天，在农村则要延续一周。节日前 3 天，家家用水洗刷房屋，打扫卫生，意在辞旧迎新。

老挝万象泼水节时的洗佛活动

稻魂节

佛历二月，公历 1 月。因在佛历二月举行，人们又称此节为"二月节"，具体日期定在稻谷收割、打晒后到入库前的某一天。此节主要是庆祝丰收并向鬼神和祖先表示感谢，同时也祈求来年能有更好的收成。

涅槃节

佛历三月十五日。传说，佛历三月十五日是佛祖涅槃日，也是佛祖训谕1250名门徒继续传播佛教的日子。各种活动要延续3个昼夜，最后一天晚上要举行秉烛游寺仪式。

维散顿佛节

佛历四月。这是老挝一个较大的宗教节日。节前，僧侣和教徒们一起打扫佛寺、佛塔等，在佛寺四周插上佛旗，在佛寺空场的四角放置4锅圣水。节日下午，听到集合的钟鼓声后，教徒们便携带礼品前往佛寺共度节日。

高升节

佛历六月十五日。高升节又叫火箭节、火炮节、火龙节、银盘龙大会、醉酒节、疯狂节、六月节等，来源于婆罗门教的火神祭拜礼。

万佛节

佛历七月。万佛节又叫祭祖节或送瘟节，来源于婆罗门教，后演变成佛教节日。届时各村寨要搭起竹棚，分别在村寨的8个方向竖立一根竹桩，并准备好线团、净水、金沙等。节日早上教徒们向佛寺献斋，下午带着物品前往竹棚听经，并用扫帚蘸着圣水洒在村寨里和竹桩上。之后，教徒们把受过佛法点化的物品带回家中，将白线系在子孙的手腕上，把金沙撒在庭院四周，把净水洒在牲畜身上，以保佑全家人和牲畜除病消灾。

迎水节和送水节

分别为佛历八月、十一月，公历 7 月、10 月。据说，从迎水节到送水节之间，要举行 5 次祭奠活动。最后两次往往合在一起举行，那时雨季也即将过去，所以规模最大也最隆重。两个节日期间的主要活动有点灯笼、放灯、赛鼓、放灯船、赛龙舟等，其中后两项最为热闹。

先人节

佛历九月，公历 8 月。先人节又叫祭鬼节或九月节。节日前两天，教徒们便开始准备各种食物，多少则视家庭富裕程度而定。过节时，食物共分 4 份，一份送往阴间给先人，一份供奉僧侣，一份馈赠亲朋，一份留作自己家庭使用。送给先人的那一份，多用几层芭蕉叶包裹，里面有甜、咸食品，还有槟榔、香烟、现金等。

水灯节

佛历十一月，公历 10 月。水灯节是庆祝丰收的盛典。届时，家家户户制作小竹船，上插蜡烛，到了夜晚，燃放爆竹之后，点燃蜡烛，将小竹船放入河中。刹那间河面上灯火万点，忽远忽近，随波漂荡，蔚为壮观。沿河两岸，男女青年载歌载舞，通宵达旦。

政治节日

老挝的政治节日有以下几个。

10 月 12 日，独立节。

12 月 2 日，国庆节。

3 月 22 日，建党节。

1 月 20 日，建军节。

特别提示

- ★ 老挝在取水方面有独特的风俗。村旁河水上段是取饮用水的地方，不能洗澡或洗衣物；中段是男人洗澡的地方；下段是妇女洗澡的地方。取水时，只要水源处有公共用具如竹筒之类，就不能使用自己的器具直接舀水。室内的用水也有区分，一般来说，小竹筒或葫芦里的水多作饮用，不能用来洗东西。
- ★ 在老挝，人们认为头是最神圣的部位，任何人都不能随意触摸，尤其要注意不能摸小孩的头顶。
- ★ 不能用脚对着人，也不能用脚开门或移动东西。

★ 老挝人也行握手礼，但妇女仍多行合十礼而不行握
  手礼。

★ 进入老族人的房屋要脱鞋，外人不得进入内室。在
  室内，不能随便吐痰和在火塘边烘烤鞋袜，不能在
  供神处坐卧或放置物品。

★ 当人们谈话时，不能从其中间穿过，女性尤其如此。

老挝

LAOS

第二篇

政治环境

老挝
LAOS ....

一　国家体制

1　国体、元首及国家标识

老挝实行社会主义制度。

根据新宪法，国家主席是老挝人民民主共和国的国家元首，是老挝国内各族人民的代表。国家主席由国会选举产生，必须获得国会与会人数 2/3 以上的选票才能当选，每届任期 5 年。其主要职责是：根据国会的决定，公布实施宪法和法律；根据国会常务委员会的提议，颁布命令和条例；在国会批准或决定不信任案之后，任命或罢免政府总理和政府成员；根据政府总理的提议，任命、调动和罢免省长和市长；担任人民武装力量的总司令；必要时担任政府首脑；决定免刑；决定全国总动员或局部动员；决定全国或局部地区处于紧急状态；宣布批准和废除同外国缔结的条约和协定；派遣和召回老挝驻外国的全权代表，接受外国驻老挝的全权代表。另外，老挝还设有国家副主席，协助主席工作，并可在国家主席不能履行职权时代理其职务。国家副主席由国会选举产生，获得国会与会人数半数以上选票者才能当选。

2　宪法概述

1947 年 5 月，老挝国王西萨旺·冯颁布宪法，这也是老挝的第一部宪法。老挝宪法先后于 1949 年、1952 年、1956 年和 1957 年进行过 4 次修改。1956 年国民议会修改后的新宪法规定：老挝不再是法兰西联邦成员，法文也不再是老挝的正式语言和文字；妇女有选举权；国民议会议员的任期由 4 年改为 5 年；王位由国王的太子或男性后裔继承。

1975 年 12 月，老挝全国人民代表大会通过决议，宣布废除君主立宪制度，建立人民民主共和制。前国王西萨旺·瓦达纳宣告退位，王国宪法被废除。1976 年 1 月 4 日，最高人民议会决定起草新宪法，在几经讨论和修改之后，1991 年 8 月，老挝最高人民议会第二届六次会议通过了老挝人民民主共和国第一部宪法。老挝宪法明确规定，老挝人民民主共和国是人民民主国家，全部权力属于人民，各族人民在老挝人民革命党领导下行使当家做主的权利。

老挝宪法赋予国家主席任命、罢免政府总理和高级军官的大权。在经济和社会发展方面，宪法明确规定保护和发展各种所有制，多种经济成分并存，发展生产，扩大流通，将自然经

老挝国旗

老挝国徽

济转变为商品经济，加强国家的经济基础，不断提高人民的精神生活和物质生活水平，各种经济成分在法律面前一律平等。在外交方面，老挝奉行和平、独立和友好合作的外交政策。鉴于老挝的历史特点，为在表面上淡化国家的意识形态色彩，宪法把原国徽图案中的镰刀、斧头和五角星改为以象征老挝民族国家的万象塔銮为中心的新图案。这部宪法还对公民的基本权利和义务、国会及其职权、国家主席的产生和职权、国务院的组成及职权、地方政府、司法机关以及语言、文字、国徽、国歌、首都等做了具体规定。

二　政治制度

1　政体概述

老挝国会（原称最高人民议会，1992年8月改为现名）是国家最高权力机构和立法机构，负责制定宪法和法律。国会每届任期5年，每年召开两次会议，特别会议由国会常委会决定或由2/3以上的议员提议召开。国会议员由地方直接选举产生。

2　政治中心

万象市是老挝的首都，面积3920平方公里，最高平均气温31.7℃，最低平均气温22.6℃。万象市是一座历史古城，自16世纪中叶塞塔提腊国王从琅勃拉邦迁都于此后，这里一直是老挝的政治、经济和文化中心。万象意为"檀木之城"，据传从前此处多檀木。万象市位于湄公河中游北岸的河谷平原上，隔河与泰国相望。由于城市沿湄公河岸延伸发展而呈新月形，因此万象市又有"月亮城"之称。万象市是老挝最大的工商业城市。其他的主要经济中心有北部的琅勃拉邦市、中部的沙湾拿吉市和南部的巴色市。

位于老挝万象市的主席府

3 主要政党

老挝人民革命党（以下简称"老党"）是老挝唯一的政党和执政党，前身为印度支那共产党老挝支部，1955 年 3 月 22 日建立，原称老挝人民党，1972 年召开"二大"时改为现名。现有党员约 19.2 万人。其宗旨是：领导全国人民进行革新事业，建设和发展人民民主制度，建设和平、独立、民主、统一和繁荣的老挝，为逐步走上社会主义创造条件。本届（第九届）中央委员会于 2011 年 3 月产生，由 61 名中央委员组成。朱马里·赛雅颂为党中央总书记。中央政治局委员共 11 人。

老党的性质：老党是政治参谋部，是有组织的领导队伍，是老挝工人阶级、各民族劳动人民和全体老挝人民利益的代表。

老党的宗旨：老党带领全国人民进行改革，建立人民民主制度，以把老挝建设成一个和平、独立、民主、统一和繁荣昌盛的国家，为逐步进入社会主义创造基本条件。

老党的建设原则：老挝人民革命党以马列主义的普遍原理作为思想理论基础，同时吸收人类智慧的精髓，结合本国的实际条件和实践，运用科学理论并借鉴外国经验，将朴实的爱国主义与纯洁的国际主义相结合。

老党的建设指导方针：在政治、思想和组织三个方面进行党的建设，将党的建设与提高政府效率和群众组织的作用相结合。

老党的组织原则：民主集中制。

老党的组织体系：分中央、省及直辖市、县和基层四级。

基层党组织：包括乡、村、企业、学校、医院、机关办事处、国防保安部队、连队和其他基层单位。若某个基层组织正式党员在 25 名以上，经上级党委同意，可以成立基层党委和多个党小组，基层代表大会或党员大会每两年召开一次。

4 主要政治人物

朱马里·赛雅颂

老党中央总书记、国家主席。1936 年 6 月 3 日生于阿速坡省。1954 年参加革命。1975 ~ 1991 年，历任总参作战局局长、副总参谋长、国防部副部长、第一副部长，1990 年晋升中将；1991 年 8 月被任命为国防部长；1998 年 2 月任副总理兼国防部长；2001 年 3 月，在第四届国会七次会议上当选国家副主席，2002 年 4 月连任；2006 年 3 月，在老党"八大"上当选党中央总书记，6 月被第六届国会一次会议选举为老挝国家主席；2011 年 3 月在老党"九大"和 6 月第七届国会一次会议上分别再次当选党中央总书记和国家主席。

通邢·塔马冯

老挝政府总理。1944 年 4 月 12 日生于华潘省，1959 年 8 月 18 日参加革命，早年在地方从事教育工作。1976 ~ 1982 年任教育部组织局局长，1982 年任中宣部副部长，1983 ~ 1988 年任文化部长，1988 年当选最高人民议会（老挝国会前身）议员、副议长，1993 年任中组部长，2002 年 4 月任万象市市委书记兼市长，2006 年当选国会主席，2010 年 12 月在第六届国会十次会议上被任命为政府总理，2011 年 6 月连任。

巴妮·雅陶都（女）

老挝国会主席。1951 年出生于川圹省，老挝蒙族。长期在金融部门工作，曾任国家银行行长、国会少数民族委员会主任。2002 年任国会副主席。2006 年 3 月，在老党"八大"上当选政治局委员，同年 6 月连任国会副主席。2010 年 12 月在第六届国会十次会议上当选国会主席。2011 年 6 月在第七届国会一次会议上再次当选国会主席。

5 政治局势

1991 年的老党"五大"确定"有原则的全面革新路线"，提出坚持老党的领导和社会主义方向等六项基本原则，实行对外开放政策。2001 年的老党"七大"制定了"至 2010 年基本消除贫困，至 2020 年摆脱不发达状态"的奋斗目标。

2006 年的老党"八大"强调继续坚持党的领导、社会主义方向和革新路线，重申落实"七大"制定的中长期经济社会发展目标。2011 年的老党"九大"的主题是"加强全民团结和党内统一，发扬党的领导作用和能力，实现革新路线新突破，为 2020 年摆脱欠发达国家状态和继续向社会主义目标迈进奠定坚实基础"。当前，老挝政治稳定、社会安宁。

第七届国会选举于 2011 年举行，共选出国会议员 132 名，主席为巴妮·雅陶都（女）。

特别提示

★ 老挝建国阵线成立于 1956 年 1 月，原名老挝爱国战线，是老挝人民革命党领导下的民族统一战线组织，主席潘隆吉·冯萨。

★ 老挝人民革命青年团成立于 1955 年 4 月 4 日，是老挝人民革命党的青年组织，也是老挝唯一的全国性青年组织。

★ 老挝妇女联合会是老挝妇女的群众性组织，成立于 1962 年，从中央到地方均有组织。

★ 老挝佛教协会于 1962 年成立，曾在老挝人民抗美斗争中发挥了积极作用。

三　行政结构

1　行政区划

老挝人民民主共和国下设省、市（省级）、特区（省级）、县、村等各级地方政府。各级地方政府的行政长官是：省设省长、副省长；市设市长、副市长；特区设主席、副主席；县设县长、副县长；村设村长，人口多的村也可设副村长。

老挝大致上可以分为上寮、中寮和下寮三大区，全国依行政区划划分为 17 个省、1 个直辖市。

2　主要行政机关

根据 1991 年宪法，政府是老挝国家最高行政管理机关，统一管理国家政治、经济、社会文化、国防、治安和外交等各方面工作。政府由总理、副总理、各部部长和其他部级委员会的主任组成。政府总理由国家主席任命，并报经国会批准。政府每届任期 5 年。

政府总理是政府首脑，负责主持和指导政府工作，代表政府指导政府各部、各委员会、其他部门以及各省市的工作，任命政府各部副部长、各部级委员会副主任、各地副省长和副市长及县长。副总理是总理的助手，总理可以在必要时授权某位副总理在某个方面代表总理工作。总理的主要职权是：贯彻执行宪法、法律和国会的决定，执行国家主席发布和颁布的命令和条例；向国会提交法律草案，向国家主席提交命令和条例草案；编制国家社会经济战略发展计划和年度预算计划，并提请国会审查批准；发布有关管理国家社会经济、科学技术、国防、治安和外交等各方面工作的命令和规定；组织、指导和检查政府各部门和地方政府的工作；组织和检查国防、治安工作；同外国缔结条约和协定，并指导已缔结条约和协定的执行；中止和取消政府下属各部和其他部级机关及各省市制定的与国家法律相抵触的决定和命令等。

当国会常务委员会或国会 1/4 以上议员对政府或政府的某一成员提出不信任议案时，国会将对政府或政府的某个成员做出不信任的决定。而在国会对政府做出不信任决定之后的 24 小时内，国家主席有权建议国会重新审议其决定。国会两次审议的时间应相隔 48 小时。如果国会第二次审议时政府仍不能得到国会信任，政府或某一成员必须辞职。

3 主要司法机构

老挝各级人民法院是国家的审判机关，包括最高人民法院、省人民法院、市人民法院、县人民法院和军事法院。最高人民法院是老挝国家的最高审判机关，负责监督和检查地方人民法院和军事法院的判决。根据国会常务委员会的提议，最高人民法院院长由国会选举和罢免，副院长和各级法官由国会常务委员会任命和罢免。人民检察院是老挝的诉讼机关。老挝设有人

民总检察院、省人民检察院、市人民检察院、县人民检察院和
军事检察院。

　　最高人民法院院长坎潘·西提丹帕，2011 年 6 月当选；最
高人民检察院检察长坎山·苏冯，2011 年 6 月当选。

四　外交关系

1　外交原则

老挝奉行和平、独立和与各国友好的外交政策，主张在和平共处五项原则基础上同世界各国发展友好关系。老挝重视发展同周边邻国关系，改善和发展同西方国家关系，为国内建设营造良好外部环境。2011 年的老党"九大"重申继续坚持和平、独立、友好与合作的外交路线，保持同越南的特殊团结友好关系，加强与中国的全面战略合作，继续与东盟国家的睦邻友好，积极争取国际经济和技术援助。截至 2012 年 12 月，老挝已同 135 个国家建交。

2　大国关系

在对外关系方面，老挝同越南、中国、泰国的关系比较紧密。老挝于 1997 年 7 月正式加入东盟。

（1）与美国的关系

1950 年两国建交。1975 年后两国维持代办级外交关系，1991 年 11 月升格为大使级外交关系。1992 年 8 月，双方恢复互派大使。2005 年，美国给予老挝最惠国待遇。近年来，双方关系进一步发展，美国在禁毒、清除未爆炸弹、民生等领域向老挝提供援助。2010 年，老挝副总理兼外长通伦访美，成为老挝人民民主共和国成立以来访美的最高级别官员。2012 年 7 月，美国国务卿希拉里·克林顿对老挝进行正式访问，这是 57 年来美国国务卿首次访老，也是老挝人民民主共和国成立后访老的美国最高级别官员。2014 年 2 月，老挝 – 美国第 5 次双边全面对话会在万象市举行，由老挝外交部副部长本格和美国国务院负责东亚事务的首席助卿帮办马希尔主持。9 月，老挝卫生部长依沙旺访问美国。

（2）与俄罗斯的关系

1960 年 10 月，老挝同苏联建交。1975 年老挝人民民主共和国成立后，苏联一度为老挝最大的援助国。1991 年，苏联解体后原来的援助全部终止。1991 年 12 月，老挝政府正式宣布承认俄罗斯联邦，愿在和平共处五项原则的基础上发展同俄罗斯的友好关系。1992 年 3 月，两国互派大使。1994 年，两国签署友好关系原则协定。近年来，双方保持各领域友好交流合作。

（3）与日本的关系

1952 年 12 月，老挝与日本建交。1991 年后，日本成为老挝最大的援助国，年均援助金额超过 1 亿美元。双方投资领域合作发展迅速。2013 年 5 月，老挝副总理兼外长通伦访日并出席由日本经济新闻社举办的"亚洲的未来"论坛。当年 11 月，日本首相安倍晋三正式访老。

（4）与法国的关系

1951 年，老挝与法国建交。1997 年 4 月，坎代总理应邀访法，加强了两国友好与合作。1998 ~ 2000 年，法国共向老挝提供援助 8040 万美元，援助额在日本、德国、瑞典之后位居第四，主要用于基础设施建设、文化、人力资源开发、农业、卫生等领域。

3 主要国际参与

（1）与东盟的关系

在新的人民民主政权建立初期，老挝对东盟采取敌视政策，称东盟是"东南亚条约组织的翻版"和"美帝国主义的帮凶"。20 世纪 90 年代初，老挝与东盟国家的关系明显改善并进一步发展，其中，泰国和新加坡对老挝的投资日益增加，促进了老挝经济社会的发展。随着老挝改革开放的深入，老挝领导人进一步认识到本国国力薄弱，老挝的发展有赖于创造有利的国际环境。1997 年 7 月，老挝正式加入东盟。2004 年，老挝成功主办东盟峰会及东盟与对话国领导人系列会议。2014 年 5 月，通邢赴缅甸内比都出席第 24 届东盟峰会。老挝加入东盟后，积极参与东盟事务，除了与相邻东盟成员国的关系大大改善，与新加坡、马来西亚、印度尼西亚、文莱、菲律宾等东盟国家的关系也获得发展，国家高层往来频繁，各领域的交流与合作进一步加强。

（2）与世贸组织关系

2012 年 10 月 26 日，在瑞士日内瓦召开的世贸组织总理事会会议正式批准老挝成为其第 158 个成员。2013 年 2 月，老挝正式加入世贸组织。从 2012 ~ 2013 年的进出口发展情况看，老挝进出口贸易稳步增长，贸易逆差加大，进出口贸易额为 47.12 亿美元，同比增长 10.53%。其中，出口 18.98 亿美元，同比增长 18.49%；进口 28.14 亿美元，同比增长 3.45%；贸易逆差 9.16 亿美元。

（3）与欧盟的关系

老挝与各主要欧盟国家保持传统友好关系。其中，德国、瑞典、法国均为老挝主要援助国，援助集中在基础设施建设、文化、人力资源开发、农业、卫生等领域。2011 年 8 月，欧盟表示将放宽原产地规则，包括老挝在内的最不发达国家可以获得普惠制体系的豁免资格，将作为欧盟的优惠贸易伙伴进口原材料、生产成品并出口欧盟市场。

（4）同亚投行关系

2014 年 10 月 24 日，老挝作为亚投行 21 个正式意向创始会员国之一，在北京正式签署《筹建亚投行备忘录》。

老挝希望通过加入亚投行加强与中国的合作，吸引外资帮助其建设完善国内基础设施，提高国民经济的发展速度。

（5）同其他国际组织关系

老挝是大湄公河次区域经济合作（GMS）成员，2008 年成功举办 GMS 第三次领导人会议。老挝与联合国、世界银行、亚洲开发银行等国际机构保持良好合作。2012 年 10 月，第七届亚欧议会伙伴会议在老挝召开，当年 11 月，第九届亚欧首脑会议在老挝召开。2013 年 3 月，内陆发展中国家《阿拉木图行动纲领》亚欧地区审查会议、第 7 届柬老越（CLV）峰会、第 6 届柬老缅越峰会（CLMV）和第 5 届伊洛瓦底江 – 湄南河 – 湄公河经济战略合作峰会（ACMECS）在万象市举行。

老挝
LAOS

第三篇

经济状况

老挝
LAOS

一 能源资源

1 主要能源及分布

（1）水能资源

老挝的水能储量很大。据湄公河委员会测算，老挝可开发的装机总容量达3500万千瓦。老挝除水能丰富外，还有水能集中、沿岸植被优良、河谷深窄、隘口众多、河床稳定等特点。江河流经之地小盆地和小平坝很多，可建大量人工湖和水库。

湄公河有"东方多瑙河"之称，流经中、缅、老、泰、柬、越6国，是东南亚第一大河，在老挝境内长1846.8公里，占总长的44.4%；积水面积21.3万平方公里，占该河总积水面积的26.8%。从老中边境至老柬边境落差484米，其中，从老中边境至会晒段的301公里落差达134米。其他河段虽落差较小，但河水流量很大。例如，万象河段年平均高水流量为7470立方米/秒，年平均低水流量为3540立方米/秒，总平均流量为5198立方米/秒，年总流量达168300×10^6立方米；巴色段年平均高水流量为10457立方米/秒，年平均低水流量为4470立方米/秒，总平均流量为7740立方米/秒，年总流量达233590×10^6立方米。

老挝是东南亚地区水能蕴藏最丰富的国家之一。湄公河水能蕴藏量的60%以上在老挝境内，全国200公里以上河流20余条，有60多个水能丰富的水电站建站点。

（2）煤、石油及天然气

老挝现已查明有丰富的煤矿床。这些煤矿如能进行有效的开发利用，将可取代木材作为老挝民间的主要燃料，同时可大量用作冶金、化工和制造业的能源和原料。目前，老挝燃油还全部依赖进口，天然气和煤气的开采在老挝还是一个空白。20世纪90年代初，英法石油公司对老挝南部的石油和天然气进行了勘探，证明老挝南部的沙湾拿吉平原和巴色平原有石油和天然气。在沙湾拿吉至车邦一带的148公里沥青基质砂岩，每吨砂岩中可以提炼40克石油，如能进行有效的开发利用，将可以改变老挝燃油全部依靠进口的局面，同时也会促进老挝化工产业的兴建和发展。这些矿区虽已发现但大部分尚未进行勘探和测算，其开采价值的大小尚不清楚。

2 主要资源及分布

（1）矿产资源

老挝属中生代褶皱地形，其地质结构基本上是由三叠纪末至侏罗纪初的印支大地运动形成的海相三叠系地层。那时地壳发生了较强烈的凹陷，使这一地区形成了褶皱山系，中性和基性的岩浆渗入浅层，其中夹杂丰富的金属矿和非金属矿。其中，有色金属矿和玉石不但品种多，而且储量也很大。老挝现已发现的金属矿有铜、铁、锡、铅、锌、锰、金、钨等，非金属矿有白玉、黄玉、黑玉、翡翠、蓝宝石、水晶、琥珀、花岗岩和石英石等。老挝北部的西侧与缅甸北部被认为是世界最重要的宝石矿带，老挝北部东侧与中国滇西南被认为是世界最重要的有色金属矿带。由于种种原因，老挝矿藏资源还未进行全面勘察，但已发现了许多很有开采价值的矿床和矿点。

（2）土地资源

老挝土地资源有限且利用不足，由于其多山的地形和缺乏农业灌溉系统，大部分农作物生长仍依靠自然降雨。该国传统稻米种植业已经开始萎缩，农民更愿意从事外商资助的订单农业和经济作物种植，以获取更高的利润。

（3）植物资源

由于老挝处于大陆和群岛之间的陆桥位置，接受了南北两方不同区系的植物传播，因此植被繁杂，已发现的植物种类有 1 万余种。加之气候湿热、雨量充沛、土地肥沃，植物生长繁茂，四季常绿。自然植被有多种类型，达 1660 万公顷，约占全国总面积的 70%。其中，森林面积 1400 万 ~ 1500 万公顷，占全国总面积的 60% 左右。其中热带雨林主要分布在万象省以北的湄公河沿岸、占巴塞省西部和阿速坡省东南部地区，其他海拔在 900 米以下、年均降雨量在 2000 毫米以上的河谷地带也有零星分布。热带雨林一般可分为湿润常绿密林、湿润半落叶密林和常绿落叶混交密林（或半密林）等类型。热带季风林是老挝植被中占比重最大的林木种类，约占林木总面积的 80%，分布在除湄公河谷、平原、低地和高山地区以外的广大上、中、下寮地区。热带季风林包括落叶龙脑香疏林、山地湿润常绿矮林、山地流林和次生林等林木类型。高山植物主要分布在上寮中部和东部地区的川圹高原、会芬高原和甘蒙高原，有针叶阔叶混交林及松林两种林木类型。竹林在老挝分布很广，几乎各省、市、县都有，在海拔 300 ~ 1000 米的地区大多有竹林生长。老挝的人工园林主要分布在湄公河、南塔河、南乌江沿岸和中、下寮地区，有柚木林、橡胶林、橘园、香蕉园、茶园、咖啡园、椰子园、棕榈园和糖棕园等。

（4）动物

　　老挝植被繁茂，森林密布，终年如春，为动物的生存和繁殖提供了良好的条件，加之气候湿热，很适宜温带、亚热带和热带动物的生长，因此，老挝的鸟类、爬行类、鱼类等动物种类丰富，可称为"天然动物园"。但老挝由于国力有限和其他原因，对动物资源及其分布与科属等均未进行有效的调查和研究，至今动物的具体种类和数量等还是未知数。

二　国家基础设施

1　重要交通设施

　　老挝的交通运输首先依靠公路，其次是内河航运，再次是航空和畜力。老挝目前尚无铁路，拟修建的铁路有两条，一是从老中边境经孟赛、琅勃拉邦至万象（另一方案是经南塔、孟新至会晒），与中泰铁路接轨；二是从老越边境至老泰边境，与越泰铁路连通。两者均是亚洲开发银行协调召开的湄公河流域次区域经济合作部长级会议审定通过的合作项目之一。

（1）公路

　　老挝的公路运输约占全国运输总量的60%，在老挝经济中起着重要作用。1975年老挝人民民主共和国建立以来，共兴建公路5700余公里，整修和扩建原公路11200余公里，兴建公路桥400余座，桥面总长16000余米。国家用于公路建设的投资达3000余亿基普，外国援助、贷款和合建的公路建设资金总额累计达4亿美元。

　　老挝的公路建设在其经济建设中占很大比重，也是外国援助、贷款和合作的最大项目之一，所以发展较快。1980年公路总长12220公里，其中，沥青路为1935公里，碎石路为4171公里，泥土路为6114公里；2002年公路总长达32624公里，其中，沥青路4592公里，碎石路9661公里，泥土路18371公里。

（2）水路

内河是目前老挝重要的交通运输线，全年可通航江轮的河道为 2200 公里，还有约 1500 公里的支流河道可通航小机动船、人力驱动船、木船、铁皮舟、橡皮舟等。

湄公河连接老挝上、中、下寮三大部分，连通了中、缅、老、泰、柬、越 6 国的交通运输。南塔河、南乌江、南堪河、南娥河、南嘎丁河、色邦发河、色邦亨河等湄公河主要支流是运输的重要交通线。但由于老挝国力有限，加之长期的战乱和其他政治因素，这些江河至今未能有效地开发利用。20 世纪中期，一些西方国家和国际开发机构曾对开发利用湄公河进行多次考察和勘测，并制定过不少开发利用规划，但至今大部分尚未能付诸实施。因此，目前老挝江河可用作交通运输的部分基本上是天然河道，未进行过人工疏导。

（3）航空

老挝的航空运输与其他行业相比较为发达。老挝历届政府为了对所辖省市和一些重要地区进行有效的控制和方便官员往返，在陆路交通十分落后或没有道路通达的情况下，在各省和一些主要县城修建机场并以此作为解决交通运输问题的主要手段。而殖民者为了加强对老挝的控制和掠夺，也在老挝各地修建了一些机场。早在 20 世纪 60 年代老挝就拥有机场 64 个。60 年代以后，随着老挝民族解放斗争的发展和印度支那战争的爆发，外国军事力量纷纷进入这一地区，如美国在老挝南部建设了一批军用机场，老挝机场增至 150 个。

老挝人民民主共和国建立后，老挝政府对部分重要地区的机场进行了改建和扩建，大部分机场由于使用率很低而逐渐被废弃。现国内航线有万象—琅勃拉邦、万象—南塔、万象—孟赛、万象—丰沙里、万象—会晒、万象—桑怒、万象—川圹、万象—查尔平原、万象—沙湾拿吉—巴色、万象—沙耶武里和万象—阿速坡等；国际航线有万象—昆明—北京、万象—河内、万象—胡志明市、万象—金边、万象—莫斯科等。目前，正准备开辟万象—仰光、万象—清迈—孔敬和清迈—琅勃拉邦—昆明等航线。

2　电力设施

老挝水电资源丰富，除自用外还可出口，但少部分村、县尚未通电。2013 年全国发电装机容量 321.2 万千瓦，年发电量 136.7 亿千瓦时。其中，出口 110 亿千瓦时，创汇 4.8 亿美元。

3　重要通信设施

老挝的邮电通信还较落后，只有省县级以上城市才有邮电通信专门机构和设施。乡村邮件往返较困难，邮寄时间较长，电话较难打通。

老挝主要求助于外国资金和技术来发展通信事业。1989 年世界银行贷款 462.5 万美元发展万象市的通信业。老挝邮电部门利用此项贷款从澳大利亚购买了一部程控电话交换机（容量为 1032 门）和 1000 部按键电话单机，1990 年安装完毕并启用后，老挝才开始有了自动电话，而除首都万象市外，其他省市仍只有磁式电话总机和手摇电话单机。

1997 ～ 2002 年，在中国、日本、美国和新加坡等国的援助和合作下，老挝逐步扩建和完善电话、电报和传真系统。1998 年，老挝有电话接转中心 31 家，电话安装容量 35303 门，移动电话发射中心 1 家，移动电话用户 6453 家；2002 年，电话接转中心 37 家，电话安装容量 211551 门，移动电话发射中心 2 家，移动电话用户 84527 家。目前，传真机已普遍使用，但大多与电话机连接使用。

三　国民经济

1　宏观经济

（1）概况

　　老挝的经济以农业为主，工业基础薄弱。1986 年起推行革新开放，调整经济结构，农林业、工业和服务业相结合，优先发展农林业；取消高度集中的经济管理体制，转为经营核算制，实行多种所有制形式并存的经济政策，逐步完善市场经济机制，努力把自然和半自然经济转为商品经济；对外实行开放，颁布外资法，改善投资环境；扩大对外经济关系，争取引进更多的资金、先进技术和管理方式。1991 ～ 1996 年，国民经济年均增长 7%。1997 年后，老挝经济受亚洲金融危机的严重冲击。老挝政府采取加强宏观调控、整顿金融秩序、扩大农业生产等措施，基本保持了社会安定和经济稳定。2001 ～ 2006 年，老挝经济年均增长 6.8%。2006 ～ 2010 年，老挝经济年均增长 7.9%。

　　据亚洲发展银行统计，与 2012 年相比，2013 年老挝经济增长 7.6%（老挝官方的统计数据为 8%），全年 GDP 为 95 亿美元，国内人均生产总值为 1451 美元。经济结构方面，农林业增长 2.9%，占 GDP 的 25%；工业增长 7.4%，占 GDP 的 28%；服务业增长 9%，占 GDP 的 38%。在服务业中，老挝旅游业成为最大的产业。近年来，老挝与超过 500 家国外旅游公司签署了合作协议，开放了 11 个国际旅游口岸，同时采取加大旅游基础投入、减少签证费、放宽边境旅游手续等措施，以促进旅游业持续发展。2013 年，老挝旅游收入约 5.75 亿美元，接待的外国游客人数同比增加了 12%，达到 378 万人次，住宿、餐饮和交通等行业从中获益匪浅。受食品、原油、电力、房屋、自来水、煤气等价格上涨影响，老挝 2013 年全年通货膨胀率为 6.4%。

（2）国际收支

老挝货币名称是基普，2014 年 7 月兑美元汇率约为 8040：1，2013 年对美元升值 1.81%，对泰铢贬值 0.46%。2013 年老挝外汇储备 5.82 亿美元，同比下降 12%。

老挝同 50 多个国家和地区有贸易关系，与 19 个国家签署了贸易协定，中国、日本、韩国、俄罗斯、澳大利亚、新西兰、欧盟、瑞士、加拿大等 35 个国家（地区）向老挝提供优惠关税待遇。老挝主要外贸对象为泰国、越南、中国、日本、欧盟、美国、加拿大和其他东盟国家。

（3）外债

2006 ~ 2010 年老挝共获外援约 24.2 亿美元，年均 4.84 亿美元。"七五"规划前半期（2012 ~ 2013 年 4 月）共获外援约 16 亿美元，完成引援总任务的 35.4%。2012 ~ 2013 年，老挝共获得官方发展援助项目 883 个，金额共计 7.77 亿美元，较上年增长 10.21%，超额完成计划 0.27%。其中无偿援助项目 837 个，金额 5.62 亿美元，增长 9%；贷款项目 46 个，金额 2.16 亿美元，增长 13.16%。主要援助国及组织有日本、瑞

典、澳大利亚、法国、中国、美国、德国、挪威、泰国及亚洲
开发银行、联合国开发计划署、国际货币基金组织、世界银行
等。外援资金主要用于公路、桥梁、码头、水电站、通信、水
利设施等基础建设项目。

（4）财政收支

老挝政府的财政收入主要来源为税收。老挝政府税收在整
个国民经济中的比重很小，且不稳定。银行借贷和国有资产出
租或转让是老挝政府财政收入的第一大来源。老挝的银行借贷
利率较高，实施经济体制改革和经济政策调整及私有化后，老
挝原政府所属的企业、厂矿、商店和其他资产大多向私商（包
括外商）出租或转让。银行利息和资产出租或转让每年可为政
府财政创收 30 亿～ 50 亿基普。发行开发债券是老挝政府财政
收入的另一个渠道。

老挝政府的财政支出主要包括政府和事业单位职工的工资
和国内建设投资。

2　贸易状况

（1）贸易发展

20 世纪 90 年代以来，老挝的对外贸易有了较大发展。主
要贸易对象从苏联、越南和社会主义国家转向泰国、新加坡、
日本、美国和其他西方国家。出口商品在单纯资源和电力基础
上增加了服装、啤酒、工艺品和木竹藤器等产品。进口商品种
类与 20 世纪 80 年代相比基本没有变化。20 世纪 90 年代老挝

的年进出口总额为 4 亿 ~ 6 亿美元。其中，每年进口 3 亿 ~ 4 亿美元，出口 1 亿 ~ 2 亿美元。

（2）贸易伙伴

老挝最大的贸易伙伴是泰国，20 世纪 90 年代，老泰两国年贸易总额达 50 亿 ~ 80 亿泰铢，老挝向泰国的年出口额为 10 亿 ~ 20 亿泰铢，老挝从泰国的进口总额为 40 亿 ~ 60 亿泰铢。近几年两国的贸易总额保持在 90 亿泰铢左右。

中国是老挝的第五大贸易伙伴，20 世纪 90 年代两国的贸易总额达 2000 万 ~ 5500 万美元。2000 年老中贸易总额为 4084 万美元，其中，老挝向中国出口额为 642 万美元，从中国的进口额为 3442 万美元。老中边境贸易开展得较好，20 世纪 90 年代最高年度边贸总额达 2 亿元人民币，最低年度边贸总额在 3000 万元人民币以上。老挝向中国出口的商品主要为木材、层板、咖啡、大米和药材等，从中国进口的商品主要有运 –7 型和运 –12 型飞机及其零配件、汽车、机械设备、农机、纺织品、家电、电池、建材、通信工具、日用五金、缝纫机、纸张、白糖等。

老挝其他主要贸易伙伴有越南、新加坡、日本和马来西亚等。

（3）贸易结构

老挝建国后至革新开放之前，出口非常落后，进出口失调的状况十分严重。有关资料显示，1976 年进出口商品总额比例为 5.6∶1，到 1978 年进出口商品总额比例为 6.5∶1，1980 年为 4.3∶1。

老挝的出口商品以初级产品为主。1988 年，燃料、矿产和金属的出口占 25%，其他初级产品占 65%，制成品占 10%。革新开放政策实施之前，虽然出口商品总额在不断增加，但是增幅较小，且总体来看，出口的增加速度小于进口的增加速度。近十年来，老挝出口商品总额不断增加，出口商品主要以矿产品、电力、农产品、手工业产品为主，进口商品主要是工业品、加工制成品、建材、日用品、食品及家用电器等。绝对进口额排在前 5 位的进口商品分别是资本品、能源、服装原材料、工业品以及汽车。其中，资本品的绝对进口量排在第一位。

（4）辐射市场

世界贸易组织：2013 年 2 月，老挝正式加入世界贸易组织。

区域贸易协定：1997 年 7 月，老挝正式加入东盟，成为东盟新四国之一；目前是中国 – 东盟自贸区成员（10+1）及大湄公河次区域（GMS）合作成员。

（5）贸易主管部门

老挝贸易主管部门为老挝工业与贸易部（下设省市级工业与贸易厅、县级工业与贸易办公室），主要职责是制定、实施有关法律法规，发展与各国、地区及世界的经济贸易联系与合作，管理进出口、边贸及过境贸易，管理市场、商品及价格，对商会或经济咨询机构进行指导并进行企业与产品原产地证明管理等。

（6）贸易法规体系

老挝与贸易相关的主要法律有《投资促进管理法》《关税法》《企业法》《进出口管理令》《进口关税统一与税率制度商品目录条例》等。

（7）贸易管理相关规定

老挝所有经济实体享有经营对外经济贸易的同等权利。除少数商品受禁止和许可证限制外，其余商品均可进出口。

禁止进口商品（5类）：枪支、弹药、战争用武器及车辆；鸦片、大麻；危险性杀虫剂；不良性游戏；淫秽刊物；等等。

禁止出口商品（9类）：枪支、弹药、战争用武器及车辆；鸦片、大麻；法律禁止出口的动物及其制品；原木、锯材；自然林出产的沉香木；自然采摘的石斛花和龙血树；藤条；硝石；古董、佛像、古代圣物；等等。

进口许可证管理商品（25类）：活动物、鱼、水生物；食用肉及其制品；奶制品；稻谷、大米；食用粮食、蔬菜及其制品；饮料、酒、醋；养殖饲料；水泥及其制品；燃油；天然气；损害臭氧层的化学物品及其制品；生物化学制品；药品及医疗器械；化肥；部分化妆品；杀虫剂、毒鼠药、细菌；锯材；原木及树苗；书籍、课本；未加工宝石；银块、金条；钢材；车辆及其配件（自行车及手扶犁田机除外）；游戏机；爆炸物；等等。

出口许可证管理商品（7类）：活动物（含鱼及水生物）；稻谷、大米；虫胶、树脂、林产品；矿产品；木材及其制品；未加工宝石；金条、银块；等等。

（8）海关管理规章制度

管理制度：老挝政府于1994年12月颁布实施《统一制度和进口关税商品目录条令》，2005年5月颁布实施《关税法》，2001年10月颁布实施《商品进出口管理法令》。这些法律法规对海关管理做了一系列规定。其中《关税法》对进出口商品限制、禁止种类、报关、纳税、仓储、提货、出关、关税文件管理及报关复核等做了相关规定。

关税税率：老挝关税分自主关税、协定关税、优惠关税、减让关税和零关税 5 种不同的税率。

报关流程：货物进入仓库—过磅—做仓库临时报关单—打货物临时报关单—报海关审核—报海关领导签字—打税单并上税—海关检验货物—付仓库费—海关做记录、进关。

报关所需材料：老挝计划投资部批文、企业投资许可证、企业申请报告、企业营业执照（复印件）、企业税务登记（复印件）和货物清单（含数量、价格、重量、规格等）。

3 投资状况

外资、外援和外贷在老挝财政中具有重要地位。长期依赖外资从事自然资源开发和基本建设，依赖外援弥补财政赤字和外贸逆差，依赖对外借款解决重大建设项目资金问题，一直是老挝财政金融的重要特征。

（1）外国投资状况

20 世纪 90 年代以来，老挝每年吸纳大量外国资本从事农林牧业、工业、手工业、采矿、交通、通信、旅游和其他事业的建设。1994 年 4 月 21 日，老挝国会颁布新修订的《外国投资法》规定：政府不干涉外资企业事务，允许外资企业汇出所获利润；外商可在老挝建独资、合资企业，享受 5 年免税优惠。

2004年，老挝继续补充和完善外商投资相关法规，放宽矿业投资政策。受暂停审批新的矿业、橡胶及桉树种植特许经营项目政策等影响，2012 ~ 2013年，老挝吸引外资17亿美元，同比下降34%。主要投资国家和组织包括中国、日本、泰国、越南、韩国、美国和澳大利亚及亚洲开发银行、联合国开发计划署、国际货币基金组织、世界银行等。外援资金主要用于公路、桥梁、码头、水电站、通信、水利设施等基础建设项目。其他行业如橡胶、小型制造业和旅游业也是外国直接投资的主要方向。

（2）投资环境

老挝是一个比较落后的发展中国家，目前该国的基础设施还非常落后，影响了经济发展，基础设施建设也成为该国重点支持的领域。来自进口品的竞争、对私营部门投资的限制、运输成本高、复杂的海关通关程序、对进口中间品的高关税等也是影响投资的重要因素。

老挝的投资法规尚不健全。老挝《外国投资法》虽然颁布多年，但是与之配套的法规仍不健全。在农业、通信、电力等行业至今仍缺乏行之有效的鼓励外国投资的具体法规。特别是政策的随意性和行政干预往往动摇外商的投资决心。此外，制度的欠缺也给一些不法客商偷税漏税、虚假投资、炒卖项目提供了方便。

老挝与周边国家相比还缺乏高水平、高素质的劳务人员，全国有知识、有技术、守纪律的员工约8万人，近80%的劳务人员集中在农业部门，3.8%的人员在工业部门就业，其余的在服务业就业。

（3）投资政策

继 1991 年制定第一部宪法，老挝颁布了《国会议员选举法》《外国投资法》《劳动法》《土地法》等，随后又逐步完善了《外国投资法》。1994 年 4 月至今，老挝多次修改外国投资相关法规，增加和完善了不干涉外资企业事务、允许外资企业汇出所获利润、外商可在老挝建独资或合资企业、设立前 5 年不向外资企业征税等优惠政策。外贸及投资方面，老挝加紧加入东盟和世界贸易组织的步伐，利用资源优势积极与许多国家（尤其是边境国家）巩固友好关系，达成贸易往来，加强区域经济合作。

（4）投资主管部门

工贸部、计划投资部、政府办公厅分别对老挝投资的一般投资、特许经营投资和经济特区投资负责。

（5）投资法律法规

《投资促进法》：2010 年 3 月老挝国家主席签署第 75 号主席令，正式颁布实施老挝新版《投资促进法》。新版《投资促进法》由原来的《国内投资促进管理法》和《外国投资促进管理法》综合而成，并对其中 8 处做了修订和完善，包括投资方式、投资类型、审批程序、一站式投资服务、投资指导目录、优惠政策、专门经济区开发投资和中央与地方管理职能划分等内容。

《民法》：规定了老挝的自然人之间、法人之间以及自然人与法人之间的财产关系，为私有财产提供保护。

《企业法》：规定了企业成立、组织、运作、解散、转让和变更的相关事项，划分企业类型，规范企业章程。

《矿产法》：对矿产资源的所有权、保护和开发、经营者权益以及当地居民权益和保护等做出了规定。

（6）投资行业的规定

除危及国家稳定，严重影响环境、人民身体健康和民族文化的行业和领域外，老挝政府鼓励外国公司及个人对各行业、各领域投资。

（7）投资方式的规定

外国投资者可以"协议联合经营"、与老挝投资者成立"混合企业"和"外国独资企业"3 种方式到老挝投资。

"协议联合经营"是指老挝投资法人与外方在不成立新法人的情况下联合经营。

"混合企业"是指由外国投资者和老挝投资者依照老挝法律成立、注册并共同经营、共同拥有所有权的企业。外国投资者所持股份不得低于注册资金的 30%。

"外国独资企业"是指由外国投资者独立在老挝成立的企业，形式可以是新法人或者分公司。

特别提示

....

★ 老挝开展 BOT 的行业主要有水电、矿产、地产等，水电行业特许经营年限一般为 25 年，矿产为 30 年。在老挝开展 BOT 的外资企业主要来自中国、越南和泰国。中资企业在老挝建成的以 BOT 形式开发的水电站有南立 1-2 水电站和南俄 5 水电站。

★ 矿产、水电行业为外资在老挝主要投资领域。资金来源地主要为周边国家。中国、越南和泰国为老挝前三大投资国。

★ 中国企业在老挝进行的投资领域集中在基础设施建设、农产品种植销售及矿产资源开发等。由于老挝政府资金短缺，项目资金主要来源于国际援助、国际组织贷款及外商投资，政府财政资金主要用于项目配套，在老挝开展投资、贸易、承包工程和劳务合作的过程中，应注意事前调查、分析、评估相关风险，事中做好风险规避和管理工作。

扩展阅读：老挝的投资优惠政策

优惠政策框架：老挝对外国投资给予税收、制度、信息服务等方面的优惠政策。

行业鼓励政策

老挝鼓励外国投资的行业包括：出口商品生产；农林业及其产品加工，手工业；先进工艺和技术的研发、生态环境和生物保护；人力资源开发、医疗保健；基础设施建设；重要工业用原料及设备生产；旅游及过境服务。

税收优惠政策

进口用于在老挝国内销售的原材料、半成品和成品可减征或免征进口关税、消费税和营业税；进口经有关部门证明并批准的原材料可免征进口关税和营业税；进口老挝国内有但数量不足的半成品5年内可按最高正常税率减半征收进口关税和营业税；进口经有关部门证明并批准的老挝国内有但数量不足或质量不达标的配件可按照东盟统一关税目录中的税率征收配件关税及消费税。

进口的原材料、半成品和成品在加工后销往国外的，可免征进口和出口关税、消费税和营业税。

经老挝计划投资部批准进口的设备、机器配件可免征进口关税、消费税和营业税。

经老挝计划投资部或相关部门批准进口的老挝国内没有或有但不达标的固定资产可免征第一次进口关税、消费税和营业税。

经老挝计划投资部或相关部门批准进口的车辆（如载重车、推土机、货车、35座以上客车及某些专业车辆等）可免征进口关税、消费税和营业税。

地区鼓励政策

老挝吸引外资较多的省（市）有万象市、万象省、甘蒙省、沙湾拿吉省等。琅勃拉邦省、乌多姆赛省、华潘省、波利坎赛省、沙拉湾省、阿速坡省、占巴塞省等也有较大潜力吸引外资。主要引资行业有农业、农产品加工、贸易、能源、矿业、旅游业等。

老挝政府根据不同地区的实际情况给予投资优惠政策：一类地区，指没有经济基础设施的山区、高原和平原，免征 7 年利润税，7 年后按 10% 征收利润税；二类地区，指有部分经济基础设施的山区、高原和平原，免征 5 年利润税，之后 3 年按 7.5% 征收利润税，此后按 15% 征收利润税；三类地区，指有经济基础设施的山区、高原和平原，免征 2 年利润税，之后 2 年按 10% 征收利润税，此后按 20% 征收利润税。免征利润税的时间从企业开始投资经营之日起算，如果是林木种植项目，从企业获得利润之日起算。

此外，企业还可以获得如下 4 项优惠：①在免征或减征利润税期间，企业还可以获得免征最低税的优惠；②利润用于拓展获批业务者，免征年度利润税；③对直接用于生产车辆配件、设备且老挝国内没有或不足的原材料，用于加工出口的半成品等的进口原料可免征进口关税和赋税；④出口产品免征关税。

用于进口替代的加工或组装的进口原料及半成品可以获得减征关税和赋税的优惠；经济特区、工业区、边境贸易区以及某些特殊经济区等按照各区的专门法律法规执行。

特殊经济区域的规定

2011 年底，老挝政府颁布《2011 ～ 2020 年在老挝开发经济特区和专业经济区战略规划》，规划到 2015 年建立 14 个经济特区和专业经济区。

目前，老挝批准设立了 10 个经济开发区，占地 13564 公顷，其中有 2 个经济特区及 8 个专业经济区，即沙湾 - 色诺经济特区、金三角经济特区、磨丁丽城专业经济区、万象嫩通工业贸易园、赛色塔综合开发区、东坡西专业经济区、万象隆天专业经济区、普乔专业经济区、塔銮湖专业经济区、他曲专业经济区等。

老挝《投资促进法》规定，经济特区及专业经济区的经营期限最长不超过 99 年，如对老挝经济社会发展贡献突出，在获得老挝政府同意后，可适当延长经营期限。

4 货币管理

实行货币大幅度贬值是老挝政府增加出口和扩大外汇收入的重要金融政策之一。在 1988 年以前，老挝中央银行实行固定汇率制，基普兑美元的汇率为 720∶1。1998 年老挝中央银行开始实行浮动汇率制，在 1988 ～ 1996 年的 8 年间，基普兑美元的汇率波动很小，稳定在 720∶1 至 920∶1 之间。

东南亚金融危机导致基普大幅度贬值，基普汇率直线上升。
1996 ~ 1999 年，基普贬值，汇率上升近 8 倍。1999 ~ 2000
年，基普贬值速度开始减缓，但仍然贬值 30% 以上。自老挝
人民民主共和国建立以来，其货币面值最高额为 5000 基普。
2002 年 5 月，老挝中央银行宣布发行 1 万基普和 2 万基普面
值的新币，并宣称发行这两种大面值新币是老挝的实际需要，
符合国家经济发展的实际情况，可以促进快捷结算。随着东南
亚金融危机的结束和经济的恢复和发展，其他外国银行也开始
进入老挝。1999 年老挝和越南政府合作在万象市设立了老越银
行。但老挝金融市场仍处于起步阶段，开设证券市场的条件尚
不具备。

　　老挝经济发展落后，外债基本都是中长期外债，几乎一半
来自多边协定，另一半则来自双边借款。而且这些外债基本都
是长期低息贷款。

　　老挝外债占其国内生产总值比例较高，偿债能力有限。虽
然老挝目前的国际储备总额已经是 1999 年的 2 倍，并超过亚
洲金融危机前最高水平，但是也只够维持该国 5 个月的进口用
汇需要。

5　税收体系

　　消费税：老挝政府规定，燃油、酒（含酒精）类、软饮料、
香烟、化妆品、烟花、扑克牌、车辆、机动船只、电器、游戏机
（台）、娱乐场所服务、电信服务、彩票和博彩业服务共 15 类商

品和服务项目必须缴纳消费税，具体税率为 10% ~ 110%。

所得税：老挝政府规定，薪金、劳务费、动产和不动产所得、知识产权、专利、商标所得等必须缴纳所得税，具体税率以 30 万基普为起征点，30 万 ~ 150 万基普为 5%，150 万 ~ 400 万基普为 10%，400 万 ~ 800 万基普为 15%，800 万 ~ 1500 万基普为 20%，1500 万基普以上为 25%。外国人按总收入的 10% 计征。

利润税：按应纳税利润（6000 万基普以上）的 35% 计征。

增值税：消费者在购买产品时需额外支付产品进项价格 10% 的增值税。

特别提示

★ 为实现到 2015 年建成东盟经济共同体的目标，老挝政府于 2012 年 12 月宣布免除 7252 种进口商品的关税，占所有进口商品种类的 79%，并承诺进一步削减关税，到 2015 年免除所有进口商品的关税。虽然作为新东盟国家，老挝有权延迟对燃料等敏感商品的减税进程，但此举仍将对老挝税收造成重大损失。为此，老挝政府已开征增值税，并计划调整消费税。因中国是东盟对话伙伴，到 2020 年老挝必须把所有中国商品的关税降至 0% ~ 5%。

四　产业发展

1　概述

老挝是一个贫穷落后的农业国，长期受封建君主制度的束缚和殖民主义者的剥削和掠夺，经济发展受到严重制约。近代和现代，老挝外患内乱不断，致使落后的老挝经济雪上加霜。依赖外国工业品来满足市场所需，依赖外国援助和贷款来维持财政，依赖外国资金和技术从事基本建设，是近代和现代老挝经济的基本特点。老挝人民民主共和国建立之前，其丰富的自然资源基本上未能得到有效开发利用，一直处于自发的开发使用状态。老挝人民民主共和国建立后，经济有所发展，但由于基础薄弱，加之一段时期内政策失误和东南亚金融危机的冲击，其贫困落后的经济状况至今仍未改变。

2　重点工业

老挝工业基础十分薄弱，科技落后、资金匮乏、人才奇缺，是当今世界最不发达的国家之一。其工业产值在 GDP 中所占比重为：1976 ~ 1985 年在 15% 以下，1986 ~ 1995 年在 20% 以下，2000 年为 22.8%，2002 年为 24.0%。老挝现有各种工矿企业 24742 家，其中规模较大的有 112 家，中小型的有 604 家，小型作坊式企业 24026 家。这些工矿企业除少数战略性的企业由国家经营外，98% 以上是股份制或私营企业。

（1）电力工业

老挝的电力工业主要是水电。水电是老挝发展最快和最具发展潜力的产业，也是国际投资和合作的主要部门，对老挝经济发展具有重要的作用。

20 世纪 90 年代，在外国的帮助和合作下，老挝各省市先后修建了自己的小型或中型电站。其中，波里坎赛的南通河水电站（一级）是目前老挝最大的发电站，装机容量 40 万千瓦，年发电量 18 亿千瓦时，是由泰国投资与老挝合作修建的，其电力主要输往泰国。

老挝的总发电量 1985 年为 9.00 亿千瓦时，1990 年为 8.44 亿千瓦时，1995 年为 10.85 亿千瓦时，2000 年为 36.73 亿千瓦时，2001 年为 35.89 亿千瓦时，2002 年为 36.03 亿千瓦时。

老挝的电力工业在其工业产值和 GDP 中都占有较大的比重，在老挝出口中所占的比重更大，出口量和创汇额分别为：1980 ~ 1987 年出口量 4 亿 ~ 8 亿千瓦时，创汇 1400 万 ~ 3000 万美元；1990 年出口量 5.6 亿千瓦时，创汇 1800 万美元；1995 年出口量 6.67 亿千瓦时，创汇 2200 万美元；2000 年出口量 29.62 亿千瓦时，创汇首次突破 1 亿美元；2001 年出口量 28.23 亿千瓦时，创汇 1 亿美元以上；2002 年出口量 27.98 亿千瓦时，创汇接近 1 亿美元。

在外商对老挝的投资和合作中，电力项目所占比重很大。在 1989 ~ 2002 年外国对老挝投资的 70 多亿美元中，电力项目协议投资额近 60 亿美元，占 80% 以上。

（2）医药工业

老挝的医药工业刚开始起步，厂家主要集中在万象市，在琅勃拉邦和巴色也兴建了成药厂。其他省市尚未有成型的制药厂家，只有一些动植物药材配方店铺。老挝的制药厂主要生产消毒、消炎、防疟和止痢等类别的药品。由于外国药品大量进入老挝的药品市场，医药工业的发展受到制约，但老挝的动植物药材丰富，发展中成药的潜力很大，如能以中成药打开东南亚和国际市场，医药工业的发展还是有希望的。老挝的口服药年产值 1990 ~ 1994 年为 25 亿 ~ 27 亿基普，1995 年为 28.4 亿基普，2000 年为 35 亿基普，2001 年为 42.5 亿基普，2002 年为 43.9 亿基普。针剂产量 1990 ~ 1994 年为 400 万 ~ 450 万支，1995 年为 470 万支，2000 年为 700 万支，2001 年为 800 万支，2002 年为 800 万支。

3 特色产业

旅游业是老挝第二大创收行业。20 世纪 90 年代以来，老挝的旅游业发展相对较快。1996 ~ 1998 年入境外国游客达 42 万 ~ 50 万人次，年创汇 2 亿 ~ 3 亿美元。1999 ~ 2002 年入境外国游客 61 万 ~ 73 万人次，年创汇 3 亿 ~ 4 亿美元。外国游客中最多的是泰国游客，每年都占外国游客总数的一半以上，且以从事商务旅游者居多。往下依次为越南、中国、法国和日本游客。2013 年，老挝共吸引外国游客 377.9 万人次，超过原定目标的 340 万人次，并提前实现 2015 年达到 375 万人次的目标。东盟其他成员国来老挝的游客达 304 万人次，其中泰国游客达 190 万人次，越南游客达 90 万人次。此外，欧洲游客21.2 万人次，中国游客 24.5 万人次，韩国游客 8 万人次。外国游客中，高端游客不足 2%。

对内陆国老挝来说，区域旅游合作是提升本国旅游业的主要途径。2013 年 11 月 14 ~ 17 日，老挝新闻文化与旅游部在万象市举行第三届"文明之旅"旅游部长级会议。参加会议的老挝、柬埔寨、印度尼西亚、越南、泰国和缅甸六国共同商议推进本地区旅游合作，发掘宗教资源，开发宗教旅游线路，老挝的琅勃拉邦被列入六国宗教旅游线路的互联互通点之一。这对老挝来说，是借助丰富的宗教文化发展旅游业的大好机遇。

五　金融体系

　　20 世纪 90 年代以来，老挝对其财政金融机制和对外经济政策逐步进行了改革和调整。1990 年 6 月审议通过的《老挝中央银行法》规定，老挝银行（老挝人民民主共和国银行）拥有发行货币和调整利率的自主权，在银行业中居支配地位。老挝外贸银行（BCEL）负责外贸和其他海外交易事宜。从 1992 年开始，老挝政府允许外国银行在老挝设立分行，但只限于万象市。1993 年，老挝成立农业促进银行，以便改善农业部门的贷款途径，为农业发展提供必要资金。由于 1997 年东南亚金融危机对老挝银行业造成巨大冲击，加之老挝银行部门不善于经营和管理，老挝的银行业面临崩溃和破产危机。

　　为应对金融风险，老挝政府对银行体制进行了重大调整。将老挝北部的三家银行即赛塔色银行（Sethat Hirath Bank）、澜沧银行（Lanexang Bank）和娥老湄银行（Alounmay Bank）合并组成澜沧银行。同时将南部的三家银行也合并成一家，称为老湄银行（Lao May Bank）。老挝商业银行仍然独立存在。

1　银行体系

　　老挝银行体系落后，国家债券市场、中央银行票据市场，和银行同业拆借市场等尚待完善。银行资产少，经营方式单一，尚未建立个人信用体系，银行贷款条件苛刻且利息较高。

老挝银行（BOL）是老挝的金融管理部门，下设3个国有商业银行，即老挝外贸银行、农业促进银行（APB）和老挝发展银行（LDB），以及1个政策性银行，即老挝政策银行（NBB）。

老挝政府鼓励外国金融机构到老挝设立分支机构或成立合资企业。目前，老挝已有蓬沙旺银行（PSVB）、老挝联合发展银行（JDB）等私营银行，老越银行（LVB）、老法银行（BFL）、老中银行（LCNB）等合资银行，以及多家外资银行和外资银行代表处。

老挝银行相对于老挝政府和执政党的独立性很低，中央银行的政策主要由老挝政府决定。虽然老挝已经从1994年开始发行国库券，但政府仍向老挝银行借款以弥补财政赤字，使得中央银行为老挝金融系统提供了过度流动性，并为老挝金融系统的稳定性带来隐患。

老挝的国有商业银行抗风险能力弱，社会资信程度不高。由于政策性借贷多且缺乏信用环境，老挝银行业坏账负担较大。1994年政府对银行业重新注资虽在一定程度上缓解了坏账的压力，但由于并未对非商业性借贷的风险源头出台控制措施，注资沦为治标不治本的做法。由于大量坏账牵涉的都是国有银行，要彻底解决银行坏账问题还有赖于国有企业的重组和改革。这一过程任重而道远。

扩展阅读：老挝主要商业银行概况

老中银行：老中银行为中国云南富滇银行与老挝外贸大众银行合资成立，老中银行开业时间为 2014 年 1 月，主要业务包括吸收公众存款、发放贷款、提供结算和收费服务、出具和管理结算工具、外币买卖、发放和买卖证券、金融代理业务、提供财务顾问服务、提供投资和融资咨询服务及老挝法律和央行规定其他业务。

地址：No.15，Unit02，Phonexay Village，Xaysettha District，Vientiane Capital，Lao P.D.R.

电话：00856-21-418888

电邮：LCNB@laochinabank.com

网址：www.laochinabank.com

澳新万象商业银行：2007 年 9 月，澳新集团获得了万象商业银行的绝对控股权，将其改名为澳新万象商业银行。万象商业银行原是一家私有银行，在老挝已运营 14 年。2010 年 8 月，澳新银行全资并购万象商业银行。澳新万象商业银行为老挝引进了国际产品和标准，主要服务本地区的顶级跨国企业和大型本地企业，重点关注贸易便捷化和国际市场供应。在零售方面，澳新万象商业银行优先向老挝的富裕群体提供服务，向企业客户的员工提供储蓄、定期存款和交易账户。

地址：Lane Xang Branch 33，Lane Xang Avenue，
PO Box 5001，Vientiane，Lao P.D.R.

电话：00856-21-222700

传真：00856-21-213513

网址：www.anz.com/laos/en/personal/

老挝外贸银行：老挝外贸银行是老挝最大的商业
银行，近年来与中国业务合作日益密切。老挝外贸银
行也是首家在老挝境内发行中国银联卡的商业银行，
已发行 20 万张银联卡。旗下所有取款机（ATM）和
商户机（POS）都能受理银联支付，银联卡覆盖老挝
当地市场六成以上，可在老挝及其境外 130 多个国家
和地区的银联网络使用，为老挝居民日常支付和境外
出行提供了用卡便利，并支持在老挝当地交话费、水
电费、交通费等。此外，老挝外贸银行还发行旅行预
付费卡并与航空公司联名发行银联白金 IC 信用卡等。

地址：No 1，Pangkham Road，Chanthabouly District，
Vientiane Capital，Lao P.D.R.

电话：00856-21-213200

传真：00856-21-213202

电邮：bcelhqv@becl.com.la

网址：www.bcel.com.la

　　中国银行万象分行：中国银行万象分行于2015年3月26日举行开业仪式，并于3月27日正式开始对外营业，老挝成为中国银行服务的第42个国家/地区，中国银行也成为四大国有商业银行中第二家在万象设立分行的。中国银行万象分行现已开展了对公及对私的基本金融服务，包括存取款、境内及跨境汇款、货币兑换等。结合中国银行国际化和多元化程度较高

中国银行万象分行

的优势，中国银行万象分行为企业提供金融咨询、结构化融资及方案设计、跨境代发薪、国际结算等服务。

地址：NO.A103，Vientiane Center，Khouvieng Road，Nongchan Village，Sysuttanark District，Vientiane Capital，Lao P.D.R.

电话：00856-21-228888

传真：00856-21-228880

2　外汇市场

根据老挝外汇管理规定，在老挝注册的外国企业可以在老挝银行开设外汇账户，用于进出口结算。外汇进出老挝需要申报。个人携带现金如超过 10000 美元，需要申报并获得同意方可出入境。在老挝工作的外国人，其合法税后收入可全部转出。

3　证券市场

2010 年 10 月 10 日，老证券市场在万象市举行挂牌仪式，2011 年 1 月 11 日正式开盘。目前共有 3 只股票：老挝外贸银行、大众发电、老挝世界。2013 年 11 月 16 日，由中国太平洋证券股份有限公司与老挝农业促进银行、老挝信息产业有限公司合资成立的老中证券有限公司开业，成为继老越、老泰证券公司之后的老挝第三家合资证券公司。

老挝证券市场目前是世界上规模最小的资本市场之一，但是发展潜力巨大。老挝政府计划在 2015 年之前通过资本市场融资 80 亿 ~ 100 亿美元，为融入东盟资本市场创造条件。如未来 5 年现已备案的 30 家公司全部上市，扣除二级市场股价波动因素，2015 年流通市值可达 30 亿 ~ 36 亿美元，总市值为 90 亿 ~ 120 亿美元。据来自老挝证券市场方面的分析，"七五"期间老挝国有和民营企业将通过发行股票和债券融资至少 80 亿美元。

特别提示

★ 老挝当地信用卡使用尚未普及，但有银联标志的信用卡或 VISA 卡及万事达卡可以在当地较大商店使用。

★ 老挝大约 50% 的银行资产和 90% 的银行存款集中在首都万象市，银行业务涉及面较窄，银行业发展水平比较滞后。

老挝
LAOS

第四篇
双边关系

老挝
LAOS ···

一　双边政治关系

中国和老挝山水相连，两国人民自古以来就相处和睦。1961 年 4 月 25 日，中国和老挝正式建立外交关系。20 世纪 70 年代末至 80 年代中期，两国关系曾出现曲折。1989 年中老关系正常化以来，双边关系得到全面恢复和发展，两国领导人频繁互访，双方在政治、经济、军事、文化、教育等领域的友好交流与合作不断深化，在国际和地区事务中保持密切协调与合作。老挝政府坚持一个中国立场，支持中国人民和平统一大业。2006 年 6 月，老党中央总书记、国家主席朱马里·赛雅颂对中国进行国事访问。同年 11 月，中共中央总书记、国家主席胡锦涛对老挝进行国事访问。双方发表《联合声明》，推动中老关系进入新的发展阶段。2009 年 9 月，朱马里访华，两国元首一致同意将中老两国关系提升为全面战略合作伙伴关系，为两国各领域合作开辟了更加广阔的前景。

据统计，2013 年中国共有 15 次副部级（含副部级）以上官员到访老挝。应中共中央总书记、国家主席习近平的邀请，朱马里于 2013 年 9 月 26 ~ 30 日对中国进行了正式友好访问。

2014 年 4 月 11 日，国家主席习近平在人民大会堂会见老挝总理通邢。2014 年 5 月 15 日，中国国务委员兼国防部长常万全访问老挝。

二　双边经济关系

1　双边贸易

近年来，中国与老挝双边贸易保持稳步增长，2012 年的中老双边贸易总额、中国对老挝出口额增速居中国对东盟各成员国贸易的首位，中国与老挝双边贸易总额达 17.28 亿美元，同比增长 32.8%。其中，中国对老挝出口 9.37 亿美元，同比增长 96.8%；中国自老挝进口 7.91 亿美元，同比下降 4.1%。据中国商务部统计，2013 年，中老双边贸易额为 27.4 亿美元，同比增长 58.6%。其中，中国对老挝出口 17.2 亿美元，同比增长 83.6%；中国自老挝进口 10.2 亿美元，同比增长 29%。中国主要进口铜、木材、农产品等，主要出口汽车、摩托车、纺织品、钢材、电线电缆、通信设备、电器、电子产品等。2014 年 1～6 月，中老双边贸易额为 23 亿美元，同比增长 142%。

2　双边经济合作

近年来，中老经济合作发展顺利。双方先后签署了贸易、投资保护、旅游、汽车运输等经贸合作文件，成立了双边经贸与技术合作委员会。在投资合作领域，两国的合作关系不断推进。中国公司于 1990 年开始赴老挝投资办厂，2001～2008 年累计投资协议额达 13 亿美元，名列第二，占总量的 20%。

其中2007年达历史最高水平，约为5亿美元，名列第一，占总量的44%；2008年为0.95亿美元，名列第二，占总量的26%。中国对老挝的投资领域涉及水电、矿产开发、服务贸易、建材、种植养殖、药品生产等。

中国公司在老挝还积极参与劳务和工程承包，占老挝承包工程市场份额的1/4。中国为老挝援建的项目有地面卫星电视接收站、南果河水电站及输变电工程、老挝国家文化宫、琅勃拉邦医院、昆曼公路老挝境内1/3的路段等。

三 双边关系中的热点问题

1 中国对老挝的投资与援助

中国以多种方式支持老挝农田水利、公路交通等基础设施建设，包括南腾 2 水电站尾水 3 号闸门灌溉项目、丰沙里省本怒至兰堆 1A 道路建设修整项目等。此外，琅勃拉邦国际机场项目、援老挝国际会议中心项目一期工程、万象市东珍排洪渠及泵站项目等，都如期完成并正式移交老挝。2013 年 1 ～ 8 月，云南电网公司对老挝送电 1.44 亿千瓦时，比上年同期增长 122.24％。2013 年 9 月，利用我国优惠贷款实施的老挝国家电力公司电力调度中心项目在万象市举行启用仪式，该项目通过光纤通信网络，在电力调度中心与老挝国家电力公司的 16 个厂站之间建立通信连接，帮助老挝国家电力公司实现初步发电计划的制定。

电力合作方面，近年来的项目主要有：中电工投资南奔水电站及与老挝国家电力公司购电合作，该电站位于乌多姆塞省，总装机容量为 3.4 万千瓦，总投资 7000 万美元，特许经营期 25 年；东方电气集团投资南芒河 1 水电站及与老挝国家电力公司进行购电合作，该电站位于波里坎塞省，装机容量为 6.4 万千瓦，总投资 9949 万美元，特许经营期 25 年，计划于 2016 年 3 月建成发电；中国葛洲坝集团股份有限公司投资老挝南方农村电气化项目，该项目覆盖老挝沙湾拿吉、沙拉湾、塞

公和阿速坡，线路总长约 2200 公里，电压等级为 22 千伏；四
川华源矿业勘查开发有限责任公司和老挝投资咨询及水电建设
有限公司共同投资色贡省煤炭普查、勘探、开采，拟开发面积
约 228 平方公里的煤矿并建立装机容量 5 万千瓦的火电厂。

2　两国金融合作

中老金融合作持续扩大。2013 年 5 月，中国国家开发银行
与老挝国家银行在万象市签署 4 份银行间账务处理细则。11 月
16 日，中国与老挝两国合资的老中证券有限公司在老挝首都万
象市正式挂牌成立。老中证券有限公司是老挝证券管理委员会
批准设立的首家中资参与的合资证券公司，同时也是中国证监
会批准在境外设立的第一家合资证券公司。该证券公司的设立
既对国家战略进行了具体实践和大胆创新，也落实了中国与老
挝两国政府签署的一系列金融战略合作协议；既是中国与东盟
在资本市场合作的一个重要开始，也是中国证券公司跨出国门
开展国际化经营的首次尝试。

除上述领域，中老双方在农业、科技、矿业等领域的合作
都有不同程度的发展，总体上看，中老双边经济技术合作的扩
大表明了老挝对中国经济发展经验的认可和吸收。

3　老挝与中国云南省的合作不断加强

2013 年，老挝与中国云南省的合作取得了新的突破，合作

机制不断完善，跨境经济区合作、境外经贸合作、口岸、电力、农业、文化、教育等合作不断推进和扩大。中国云南 – 老挝北部合作工作组自 2004 年成立以来，经过多年的合作与沟通，已建立中国和老挝地方合作的有效机制和平台。2013 年 10 月16 ～ 17 日，中国云南 – 老挝北部合作特别会议暨工作组第六次会议在云南普洱市召开。会议围绕交通、通信、财贸金融、旅游文化、农林业、替代种植、边境口岸管理共 7 个领域合作的重点工作和具体项目、合作中存在的问题等事宜进行了深入、坦率的讨论和磋商。双方就边境管理、人力资源培训、昆曼大通道建设、经济合作区规划等问题达成多项共识，并签署会议纪要和备忘录，推动区域合作进一步深化发展。

四　老挝主要商会、金融行业协会及华人社团

老挝投资促进机构

（1）老挝贸促中心

地　　　址：104/4-5 Khounboulom Road

邮 政 信 箱：4107 Vientiane, Lao P.D.R

电　　　话：00856-21-216207 或 241914

传　　　真：00856-21-213623

电　　　邮：laotpc@hotmail.com

　　　　　　laotpc@yahoo.com

网　　　址：www.laotrade.org.la

（2）老挝国家工商会

地　　　址：Phonphanao Village, Saysettha District

邮 政 信 箱：4596 Vientiane, Lao P.D.R

电　　　话：00856-21-452579 或 453311，453312

传　　　真：00856-21-452580

电　　　邮：lncci@laopdr.com

网　　　址：www. Incci. laotel.com

老挝华人社团

（1）老挝中国商会

地　　址：万象市西撒塔那县瓦那路（Wat Nak Road,
　　　　　　　　Sisattanak, Vientiane, Lao P. D. R.）

电话 / 传真：00856-21-264386

（2）中国商会浙江分会

地　　址：万象市东巴萨村

电　　话：00856-21-520299

（3）中国商会湖南分会

地　　址：万象市东巴萨村

电　　话：00856-21-25622666

（4）老挝万象中华理事会

地　　址：万象市他提拉路占塔布里县瓦占村

电　　话：00856-21-214661

传　　真：00856-21-212287

五　老挝当地主要中资企业

境内投资主体	境外投资企业（机构）	归　属	经营范围
中国有色金属建设股份有限公司	中国有色金属建设股份有限公司驻万象代表处	中央企业	为我公司在老挝境内从事的商务活动提供各种服务和支持，代表公司在老挝境内从事商务活动
中工国际工程股份有限公司	CAMC 老挝装配修理厂	中央企业	机电产品加工、组装销售
中国冶金地质总局三局	老挝万象三元矿业有限责任公司	中央企业	进行商业性矿产地质勘查、矿权运作经营、引资（合作）勘查开发、矿山建设和矿业开发、岩土施工和地理信息工程等业务
中铁二院工程集团有限责任公司	中铁二院工程集团有限责任公司老挝分公司	中央企业	勘察、设计、咨询、项目管理、工程监理、环境评价
中国建筑材料工业地质勘查中心云南总队	老中铜矿开发有限公司	中央企业	矿业开发
中国电力工程有限公司	中国电力工程有限公司老挝分公司	中央企业	负责当地项目 EPC 承包商的施工活动
中铁二局集团有限公司	中铁二局集团（老挝）独资有限公司	中央企业	工业、能源交通、民用等工程建设项目施工总承包，工程建设项目的勘察、设计、工程管理与施工，工程材料与设备采购，技术开发与咨询，设备租赁
中国交通建设股份有限公司	中国交通建设股份有限公司老挝分公司	中央企业	各类工程总承包业务及提供与各种与建筑项目有关的服务，包括但不限于技术协助、咨询、管理、经营和履行一切必要协议

境内投资主体	境外投资企业（机构）	归　属	经营范围
中水电海外投资有限公司	中国水电矿业（老挝）钾盐有限公司	中央企业	从事钾盐及相关副产物勘探、开发、生产及销售业务
红塔烟草（集团）有限责任公司	老挝寮中红塔好运烟草有限公司	中央企业	推广种植各种烟草，就地收购加工、储备和销售；烟叶、烟丝及成品卷烟来料加工和销售；卷烟、烟叶、烟丝、烟草原辅材料、烟草机械设备、电器等的进出口

详细中资企业名录请参见：

中国商务部"中国对外投资和经济合作"网站 ⇨"境外企业（机构）"，相关网址：http://wszw.hzs.mofcom.gov.cn/fecp/fem/corp/fem_cert_stat_view_list.jsp。

特别提示

- ★ 老挝政府部门、执法部门和工商会、贸易促进会等社会中介组织都有一些公开承诺的政策法规、办事程序，但在实际操作中往往会出现差异和变化，要懂得和理解这一特点，既要学习和了解当地的规矩，也要通过交流和接触，了解实际操作流程。

- ★ 老挝注重环境保护，政府主管部门为总理府水资源和环境署，主要法律有《水和水资源法》《环境保护法》等。政府授权该署依法开展项目环评审核，可一票否决。

- ★ 老挝主流媒体包括国家电视台、老挝通讯社、《人民报》及《万象时报》等，均为政府主管及主导的媒体，可以利用上述媒体正面宣传公司的互利共赢经营活动，扩大在老挝的影响力。

老挝
LAOS

附　录

老挝
LAOS ···

附录一　世界银行·营商环境指数

　　为评估各国企业营商环境，世界银行通过对全球国家和地区的调查研究，对构成各国的企业营商环境的 10 组指标进行了逐项评级，得出综合排名。营商环境指数排名越高或越靠前，表明在该国从事企业经营活动条件越宽松。相反，指数排名越低或越靠后，则表明在该国从事企业经营活动越困难。

老挝营商环境排名

老　　挝	
所处地区	东亚及太平洋地区
收入类别	中低收入
人均国民收入总值（美元）	1600
营商环境 2016 年排名：134，与上一年相比，前进 5 名	

老挝营商环境概况

　　下图同时展示了老挝各分项指标与"世界领先水平"的距离，"世界领先水平"反映了《2016 年全球营商环境报告》所包含的所有经济体在每个指标方面（自该指标被纳入《营商环境报告》起）表现出的最佳水平。每个经济体与领先水平的距离以从 0 到 100 的数字表示，其中 0 表示最差表现，100 表示领先水平。

指　标	老　挝	东亚及太平洋地区	经合组织
开办企业			
2016 年与世界领先水平的距离（百分点）：73.81			
程序（个）	6.0	7.0	4.7
时间（天）	73.0	25.9	8.3
成本（占人均国民收入的百分比）	4.9	23.0	3.2
实缴资本下限（占人均国民收入的百分比）	0	9.8	9.6
办理施工许可证			
2016 年与世界领先水平的距离（百分点）：75.06			
程序（个）	11.0	14.7	12.4
时间（天）	83.0	134.6	152.1
成本（占人均国民收入的百分比）	0.5	1.8	1.7
建筑质量控制指标	6.5	8.6	11.4
获得电力			
2016 年与世界领先水平的距离（百分点）：45.19			
程序（个）	6.0	4.7	4.8
时间（天）	134.0	74.1	77.7
成本（占人均国民收入的百分比）	1522.6	818.8	65.1
供电可靠性和电费指数透明度（0 ~ 8）	0	3.6	7.2
登记财产			
2016 年与世界领先水平的距离（百分点）：68.70			

指　　标	老　挝	东亚及太平洋地区	经合组织
程序（个）	4.0	5.3	4.7
时间（天）	53.0	74.2	21.8
成本（占财产价值的百分比）	1.1	4.4	4.2
土地管理系统的质量指数（0～30）	9.5	13.0	22.7
获得信贷			
2016 年与世界领先水平的距离（百分点）：55.00			
合法权利指数（0～12）	6.0	6.2	6.0
信用信息指数（0～8）	5.0	3.9	6.5
私营调查机构覆盖范围（占成年人的百分比）	5.1	14.0	11.9
公共注册处覆盖范围（占成年人的百分比）	0	21.9	66.7
保护少数投资者			
2016 年与世界领先水平的距离（百分点）：31.67			
少数投资者保护力度指数（0～10）	3.2	5.0	6.4
纠纷调解指数（0～10）	3.3	5.5	6.3
披露指数	6.0	5.5	6.4
董事责任指数	1.0	4.7	5.4
股东诉讼便利度指数（0～10）	3.0	6.4	7.2
股东治理指数（0～10）	3.0	4.6	6.4

指　　标	老　挝	东亚及 太平洋地区	经合组织
股东权利指数（0 ~ 10.5）	5.0	5.3	7.3
所有权和管理控制指数（0 ~ 10）	4.0	4.2	5.6
公司透明度指数（0 ~ 10）	0	4.2	6.4
纳税			
2016 年与世界领先水平的距离（百分点）：66.10			
纳税（次）	35.0	25.3	11.1
时间（小时）	362.0	201.4	176.6
应税总额（占毛利润的百分比）	25.3	33.5	41.2
利润税（占利润的百分比）	16.0	16.7	14.9
劳动税及缴付（占利润的百分比）	5.6	9.0	24.1
其他税（占利润的百分比）	3.7	6.5	1.7
跨境贸易			
2016 年与世界领先水平的距离（百分点）：64.09			
出口耗时：边界合规（小时）	3.0	51.0	15.0
出口所耗费用：边界合规（美元）	73.0	396.0	160.0
出口耗时：单证合规（小时）	216.0	75.0	5.0
出口所耗费用：单证合规（美元）	235.0	167.0	36.0
进口耗时：边界合规（小时）	5.0	59.0	9.0
进口所耗费用：边界合规（美元）	153.0	421.0	123.0

续表

指　　标	老　挝	东亚及太平洋地区	经合组织
进口耗时：单证合规（小时）	216.0	70.0	4.0
进口所耗费用：单证合规（美元）	115.0	148.0	25.0
执行合同			
2016 年与世界领先水平的距离（百分点）：58.07			
时间（天）	443.0	553.8	538.3
成本（占标的额的百分比）	31.6	48.8	21.1
司法程序质量指数（0 ~ 18）	6.5	7.6	11.0
程序	**指标**		
时间（天）	443.0		
备案与立案	30.0		
判决与执行	278.0		
合同强制执行	135.0		
成本（占标的额的百分比）	31.6		
律师费（占标的物价值的百分比）	27.9		
诉讼费（占标的物价值的百分比）	1.4		
强制执行合同费用（占标的物价值的百分比）	2.3		
司法程序质量指数（0 ~ 18）	6.5		
办理破产			
2016 年与世界领先水平的距离（百分点）：0			

续表

指　　标	老　挝	东亚及 太平洋地区	经合组织
回收率（每美元美分数）	0	32.5	72.3
时间（年）	无实践	2.7	1.7
成本（占资产价值的百分比）	无实践	21.8	9.0
结果（0 为零散销售，1 为持续经营）	无实践	0	1
破产框架力度指数（0～16）	0	6.8	12.1
启动程序指数（0～3）	2.0	2.2	2.8
管理债务人资产指数（0～6）	2.0	3.1	5.3
重整程序指数（0～3）	0.5	0.8	1.7
债权人参与指数（0～4）	0	1.4	2.2

资料来源：世界银行《2016 年全球营商环境报告》。

附录二　其他领事馆信息

中华人民共和国驻琅勃拉邦总领事馆

（Consulate-general of the People's Republic in Luang Prabang）

地址：Phong Kham Village, Luang Prabang District, Luang Prabang Provice

电话：00856-71-252440

传真：00856-71-252441

网址：http://prabang.china-consulate.org/chn/

邮箱：consulate_lp@mfa.gov.cn

跋

"丝绸之路经济带"和"21世纪海上丝绸之路"战略构想为沿线国家的经贸往来和文化融合带来千载难逢的机遇。作为中国唯一连续经营百年以上、机构网络遍及海内外40多个国家和地区的大型商业银行，中国银行在国际化经营水平、环球融资能力、跨境人民币业务等方面具有独特优势。随着国家"一带一路"战略梦想一步步走进现实，中国银行正励精图治，努力成为实现这个伟大梦想的金融大动脉。

"国之交在于民相亲，民相亲在于心相交。""一带一路"战略布局涉及区域广阔，业务广泛。它不仅是一条经济交通之路，更是一条民心交融之路，其建设发展在很大程度上取决于文化的影响力和穿透力。《文化中行——"一带一路"国别文化手册》的付梓，恰逢我行整合海内外资源、布局全球一体化协同发展的关键时期。《手册》以研究海外机构特点和服务对象需求为出发点，致力于解决文化冲突、促进文化融合，力求为海外机构提供既符合中国银行价值理念，又符合驻在国实际的文化指引。

《手册》在前期充分调研的基础上，与社会科学文献出版社共同编辑出版。《手册》紧紧围绕业务需求，深耕专业领域，创新工作思路，填补了我行海外文化建设领域的空白。这是中国银行在大踏步国际化背景下，抓紧建设开放包容、具有强大影响力的企业文化的需要，是发挥文化"软实力"、保持集团可持续发展的需要，更是投身国家重大战略部署、担当社会责任的需要。

社科文献出版社是我国社会科学研究领域的权威出版机构，在人文社会科学著作出版方面享有盛誉。在编纂过程中，特别邀请了外交部、商务部专家重点审读相关章节。针对重点领域的工作需要，设置了"特别提示"和"扩展阅读"，为"一带一路"发展战略提供了较为丰富的实例和参考。

文化的力量是无穷的。希望《文化中行——"一带一路"国别文化手册》行之弥远、传之弥久，以文化的力量推动"一带一路"金融大动脉建设，为实现"担当社会责任，做最好的银行"的战略目标添砖加瓦。

2015 年 12 月

后　记

　　《文化中行——"一带一路"国别文化手册》是中国银行在全力服从国家"一带一路"战略，依托百年发展优势，布局全球、协同发展的大背景下编撰的国别类文化手册。由中国银行企业文化部牵头，在办公室、财务管理部、总务部、集中采购中心的大力支持下，在社会科学文献出版社经管分社团队的共同努力下编辑出版。

　　手册在编辑过程中广泛征求了各海外分支机构的意见，得到了雅加达分行、马来西亚中国银行、马尼拉分行、新加坡分行、曼谷子行、胡志明市分行、万象分行、金边分行、哈萨克中国银行、伊斯坦布尔代表处、巴林代表处、迪拜分行、阿布扎比分行、匈牙利中国银行、卢森堡有限公司波兰分行、俄罗斯中国银行、乌兰巴托代表处、秘鲁代表处、仰光代表处、孟买筹备组、墨西哥筹备组、维也纳分行、摩洛哥筹备组、智利筹备组、毛里求斯筹备组、布拉格分行的大力支持，在此一并表示感谢。

　　编写组在编纂过程中参考了不同渠道的相关资料，主要包括外交部国家（地区）资料库，商务部"对外投资合作国别

（地区）指南 2014 版"，社会科学文献出版社"列国志"大型
数据库，以及中国银行海外分支机构提供的相关资料。

　　本手册系定期更新，欢迎各界提供最鲜活的资料，使手册
更具权威性和客观性。

图书在版编目（CIP）数据

老挝 / 中国银行股份有限公司, 社会科学文献出版社编.
—北京：社会科学文献出版社，2016.1
（文化中行："一带一路"国别文化手册）
ISBN 978-7-5097-8440-2

Ⅰ.①老… Ⅱ.①中… ②社… Ⅲ.①老挝-概况
Ⅳ.①K933.34

中国版本图书馆CIP数据核字（2015）第276683号

文化中行："一带一路"国别文化手册
老挝

编　　者 / 中国银行股份有限公司
　　　　　社会科学文献出版社

出 版 人 / 谢寿光
项目统筹 / 恽　薇　王婧怡
责任编辑 / 于　飞　陈　欣

出　　版 / 社会科学文献出版社·经济与管理出版分社（010）59367226
　　　　　地址：北京市北三环中路甲29号院华龙大厦　邮编：100029
　　　　　网址：www.ssap.com.cn
发　　行 / 市场营销中心（010）59367081　59367090
　　　　　读者服务中心（010）59367028
印　　装 / 北京盛通印刷股份有限公司

规　　格 / 开　本：889mm×1194mm 1/32
　　　　　印　张：3.75　字　数：78千字
版　　次 / 2016年1月第1版　2016年1月第1次印刷
书　　号 / ISBN 978-7-5097-8440-2
定　　价 / 48.00元